名师名校名校长

凝聚名师共识
固志名师关怀
打造名师品牌
培育名师群体

特教言心，筑梦育人

特殊教育经验分享与优秀育人案例

李伟华 / 主编

东北师范大学出版社

长春

图书在版编目（CIP）数据

特教言心，筑梦育人：特殊教育经验分享与优秀育
人案例 / 李伟华主编. — 长春：东北师范大学出版社，
2022.3
ISBN 978-7-5681-8956-9

Ⅰ.①特… Ⅱ.①李… Ⅲ.①特殊教育—文集 Ⅳ.
①G76-53

中国版本图书馆CIP数据核字（2022）第037260号

□责任编辑：石　斌　　　　　□封面设计：言之凿
□责任校对：刘彦妮　张小娅　□责任印制：许　冰

东北师范大学出版社出版发行
长春净月经济开发区金宝街 118 号（邮政编码：130117）
电话：0431-84568023
网址：http：//www.nenup.com
北京言之凿文化发展有限公司设计部制版
北京政采印刷服务有限公司印装
北京市中关村科技园区通州园金桥科技产业基地环科中路 17 号（邮编：101102）
2022年3月第1版　2022年3月第1次印刷
幅面尺寸：170mm×240mm　印张：15.5　字数：243千

定价：58.00元

编 委 会

前 言
FOREWORD

　　爱因斯坦曾说：学校要求教师在他的本职工作上成为一位艺术家。倘若每位教师都将职业视为艺术，那特殊教育的艺术生涯则更为孤独、艰辛。面对多样化、差异化的特殊学生，每一位特殊教育育人者都需要如艺术家一般倾注其对美的鉴赏力、对情感的感受力，以及构思与创造的想象力，更需要艺术家身上执着的献身精神和强烈的变革意识。

　　特殊教育育人者不仅应对特殊教育事业充满热爱，以最真挚美好的情感去爱护学生，以语言和行动去传道、授业、解惑，更应在面对特殊学生的课程教学、班级管理、家校生活等多方面问题时，以问题为导向，以育人为核心，竭智尽力地高效应对，整合经验，形成育人策略，以促进特殊学生的全面发展。

　　本书将十篇汕头市特殊教育教师工作室的教育经验文章以及三十篇特教教师优秀育人案例汇编成集，意在将特殊教育领域常见的育人问题凝结为经典案例，将特教教师育人的独到之处提炼为成功经验，给予各位教育领域的工作者以启发和思考。特殊教育教师队伍的整体质量直接影响着特殊学生综合素质的发展水平，谨以本书为特殊教育事业日后的推进、沉淀增加一点思考，丰富一些资源，积蓄一份能量。

汕头市特殊教育教师工作室

2021年8月

目 录
CONTENTS

第一章　特教园地·匠心耕耘

第二章　育人师说·微光造梦

目
录

1

第一章

特教园地・匠心耕耘

做教师发展的领航员

——谈特教学校校长管理职责

汕头市聋哑学校　李伟华

在我国，特殊教育在有的地方起步很晚，没有专业的教师队伍是其中一个重要原因，很多地方的特殊教育学校在建校之初都是从普校选聘教师的。特殊教育这种师资队伍的建设情况是具有共性的，很多特殊教育学校的教师队伍都是这样组建起来的。特殊教育需要专业化，特教学校校长要竭力营造"民主平等、公平公正、健康向上"的发展环境，引领教师的专业成长，让教师的人格得以至善，能力得以提升，智慧得以成长，身心得以和谐。只有好教师才有好学校，好教师是一所学校的核心竞争力。

一、特殊教育的专业化

教育需要专业化，特殊教育更需要专业化。这是因为特殊教育儿童大多数在身心发展的某方面存在障碍，存在身心障碍的学生因个人智力程度、生理障碍程度的差异，致使任教的教师很难使用统一的教材与课程来教学。普通的教育设施、内容、方法不能满足他们的教育需求。注重个别差异，并以康复治疗为取向，强调责任与绩效，鼓励多方合作参与，等等，这些都是特殊教育专业要求。特殊教育是一项整合医学、教育、心理、社会等元素来共同完成的工作。它要求特殊教育教师不但需要有系统性的知识，还要有更具针对性的知识来为学生提供合适的教育服务。特殊教育需要教育学、特殊教育学、心理学、社会学、医学等多门学科的参与，且这种参与不是各学科知识的简单相加，而是以儿童的教育需要为中心进行更高水平的整合，以使特殊教育者能在此基础上为特殊儿童提供适当的教育，促进他们的身心发展。这就要求从事特殊教育的校长、教师以及其他与特教有关的人员要在专业理念（专业态度、教育理念、专业道德）、专业知识（学科专业知识、教育理论知识、实践性知识）、专业能力（特别在学科教学能力、教育科研能力、反思能力和课程能力）、专业伦理和自我专业意识等方面有不断的发展，内在专业结构不断更新、演进和丰富，以适应新形势对特殊教育的要求。

二、特殊教育教师专业化要求

特殊教育专业化要求从事特殊教育的教师有更高的专业水平，但目前的现实情况是特殊教育教师队伍学历层次普遍不高，原因是特殊教育在许多地区不被重视，特殊教育学校的师资专业水平有待提高。

特殊教育的对象多属于弱势群体，特殊教育的产生是为他们争取平等的权利。特殊教育教师不仅是教育者，更是许多障碍者利益的代言人和维护者，为他们的成长和最终融入社会提供服务。特殊教育教师要学会去发现儿童有什么、能够做什么，而不是他们没什么、不能做什么。成功的特殊教育应是一种高期望值教育，教师对自己职业的意义和价值充满信心。特殊教育是一项艰苦繁杂的工作，教师必须具有深刻的责任感和坚定的职业信仰，这样才能将它顺利推进，职业道德对于特殊教育教师的专业化十分重要。

三、特殊教育教师的专业化发展障碍

有调查结果显示，有50%以上的教师对从事特殊教育持"不乐意"的态度，原因主要有以下几个方面。

（1）目前特殊教育还得不到社会应有的重视，不论是从学校建设，还是设备投入、经费投入，就连教学人员的投入也达不到起码的运转要求，高负荷的工作压力使很多特殊教育教师处于难以承受的边缘。一线教学人员压力很大，身体健康状况不容乐观，这大大阻碍了特殊教育教师的专业化发展。

（2）大部分教师非本专业毕业，觉得没有相应的专业知识从事工作很吃力，特别是康复专业，在继续教育中又得不到专业化的继续教育；"特殊教育太辛苦了"，所谓辛苦，不只是身体，更多的是由心理压力造成的。

（3）教师资源不足，工作负荷太重，教师疲于奔命；教学设备（包括软硬件）不足，可参考数据缺乏，评量（包括对学生生理、心理和教育教学效果的评估）困难，费时费力；专业能力不足，缺乏专家咨询；等等，这些都严重阻碍了特殊教育教师教育、教学、教研、科研的进一步发展。

（4）由于对特殊教育这个职业认识不深，有些教师（包括管理者）常会游离于两种状态之间，或认为特殊教育是一个可以糊弄的职业，谁来都行；或认为特殊教育太难，这些特殊学生怎么教也教不会，对特殊教育的前途失去信心。

以上这些都阻碍了特殊教育教师的专业化发展。这就要求学校的管理者不但要在心理上理解教师，更要运用法律、政策为特殊教育、为特殊儿童少年、为特教工作者争取权益和发展空间，以及更高的收入、更高的社会地位和专业声望。

四、校长如何引领教师提高专业化水平

推进教师队伍的专业化是一项为当前拓展局面、为未来积蓄力量打好基础的工作，校长要坚信今天所做的必定会转化成明天的成果。这就要求管理者以只争朝夕的工作热情，做好现在，做好自己。

（一）校长只有做好自己，才能引领别人

做好自己，必须加快自己的专业化发展。学校除了从事教学活动，还是文化组织和学术单位，教师应是有知识、有思想的专业人才。学校的行政化管理必定逐步被专业化管理代替。而所有的专业理论、内在专业结构都永远处在一个不断更新、演进和丰富的过程，如果校长不能在自我专业意识等方面有不断的发展，想单靠行政命令管理教师，不能在专业方面让教师信服，就无力引领教师发展，教师也不会打心底里信服校长，学校就不能形成浓厚的学术氛围。由此可见，要对学校进行有效的管理和让教师的专业水平不断提高，校长首先要专业化，用自己的专业化发展引领教师的专业化成长。

（二）用正确的价值观、榜样、人格引领教师

推进特殊教育专业化发展，校长要引领教师提升从事特殊教育的师德修养，增强责任感和使命感，倾情特殊教育教师生的共同成长，潜心特殊教育事业的发展。这就要求，首先，校长要以身示范，给教师做好榜样，要用至善的人格魅力去影响教师，用强烈的事业心去感染教师，用任劳任怨的行

动去引领教师，用与人为善、知足常乐的心态去熏陶教师；其次，在坦诚的交流沟通中，促进教师综合素养的提高。"为人师表"是我们教师的本分和传统，尽管目前我们面临诸多的挑战和诱惑，但为了特殊儿童的健康成长，也为了教师的价值追求，我们必须直面挑战和诱惑，勇于承担起作为一名特殊教育工作者的社会责任，清心寡欲，无怨无悔；同时，校长要积极创造条件，满足教师的发展需求，确保教师身心和谐、健康快乐。要鼓励教师尽可能多地参与社会活动，融入社会，紧跟时代；要想方设法地争取家长和社会对教师工作的理解和支持，形成教育合力，缓解教师压力；要理直气壮地为教师搭建展示平台，成就理想，收获成功。

（三）深入教育、教学、教研、教改一线，用专业和行动引领教师

学校的核心竞争力由先进的学校文化、优秀的教师队伍、领导班子的决策和中层干部的执行力、必要的办学条件与和谐的外部环境、教育创新能力五个方面组成。提升学校核心竞争力的关键是提高广大教师的业务素质、教学水平和科研能力与水平。

校长要鼓励教师注重课堂教学研究，打造高效课堂教学。教师专业成长的主阵地在课堂，如何规划、设计、组织、评价课堂教学，如何让我们的课堂教学更有效、更具生命活力应该是校长和教师共同探讨的永恒课题。这就要求校长要不遗余力地创造条件，支持教师不断变革课堂教学，提高教学效益。一是组织好校本研修，针对学校教育教学过程中出现的问题情境进行及时的诊断和研讨，发现解决问题的策略和方法，并进行总结推广。需要特别注意的是，校本研修成败的关键在于是否调动了教师的主观能动性，是否立足课堂教学、学习方法、问题情境，是否真正发挥了教研组长、骨干教师的引领作用。二是要积极开展校际交流，拓宽教师的视野，激活教师的思维，在交流和比较中发现自身的不足，并进行自主修正，提升课堂教学水准。三是有计划地组织教师参加各类校外培训，更新观念，拓展知识，让教师在培训学习中反思自己的课堂教学得失，积蓄新的能量，致力于高效课堂的打造。四是竭力构建学习型校园，如果没有对教育教学的科学研究，教育教学就不会有创新。校长要带头做一名学习型（研究型）校长，营造"人人都想学，知道学什么，明白如何学，个个都在学"的学习氛围。

五、结束语

学校发展的核心要素是教师，教师是推动学校发展的根本力量。校长只有紧紧地抓住这一依靠力量，才能引领学校发展，实现办学理想。把教师当作依靠，既要真心实意，又要敢作敢为。真心实意地把教师当作依靠，就是要还权于教师。把课堂教学的主动权还给教师，让教师自主自动地去组织、去参与、去引领、去自评自改，少一些条条框框，多一些宽容理解。

虽然打造高素质的特殊教育专业化教师队伍是一个长期、复杂、艰苦的过程，但只要我们坚定信心，明确目标，努力做好自己，做好现在，坚忍不拔，积极进取，那么，打造一支政治方向坚定、师德修养全面、业务素质精良、身体心理健康、乐于奉献吃苦、勇于开拓创新、具有现代意识、适应未来特殊教育的教师队伍的理想终会实现。

浅议特教学校的思想品德教学

潮南区特殊教育学校　刘育卿

新时期，随着我国教育体制的不断调整，在新课标的要求下，特殊教育学校的思想道德教育也成为教育体系中的一项重要举措。特殊学生的思想品德教学是当前教育教学中最需要关注和解决的一个先决问题。特教学校对思想品德教学的重要意义在于：帮助特殊群体树立正确的世界观，教会特殊群体辨别是非，关注特殊群体心理健康的发展，帮助特殊群体更好地融入社会。这个特殊群体的思想品德教学不可能一蹴而就，而是需要长期坚持对他们的培养，这是一项需要用心、耐心、细心的特殊工作。同时，还需要教师与实践相结合，灵活巧妙地结合实际生活中的事例来解释思想品德教学及培养。由于特教学校的教学对象是一些身体某个方面有欠缺的学生，他们在认知事物时容易产生错误或偏差，因此帮助他们树立正确的人生观及价值观是特教教师的职责，也是培养和健全他们心理素质、养成文明行为习惯的前提。

一、培养学生心理健康素质是首要任务

特教学校在制订培养计划时，首先应先了解学生的基本情况，充分考虑学生的生活实际、年龄特点、性格特点及接受能力，摸清学生的心理需求，然后根据学生的喜好制订教学内容，并在教学中努力采取丰富有趣的形式，让学生产生兴趣，学生只有有了学习的主动性，才能跟随着教师的节奏来学习。同时，再用讲故事或玩游戏等有趣又轻松的方式让学生体会到学习是轻松的、愉快的，从而乐学，接受更多的新知识。教师可以适当提出题目，用

第一章　特教园地·匠心耕耘

互助问答或讨论交流的方式进一步了解学生对知识点的掌握情况，让学生明辨是非，学会一些道理，并加强与家长的沟通，让家长知悉孩子在学校的点滴进步。

二、课堂教学内容的设计要符合学生的特点，注意创设提问方式

特教学校思想品德的教学内容应围绕学生的心理健康发展而设计，在设计教学内容时要多方考虑所教学生的知识水平和能力技能掌握的基本情况，结合生活中的实际问题来设计，不能太乏味、太空洞，避免学生无法理解教学内容。教师提问要有技巧性，问题是为教学目的服务的，当教师把问题抛出去时，学生经过思考后，能回答所问，这才能说明教师所用的教学方法是对的，学生也学懂了，理解并掌握了教师所教的内容。

（一）问题设计要用心

特育学校的学生在各方面不能与普通学校的学生相比较，这个群体的学生在认知、学习过程中会受到其自身某些缺陷的影响，从而影响他们对学习内容的理解和掌握，结果往往存在着很大差距。在教学过程中，教师需要将思想品德内容设计在提问的程序中，而且要精心设计问题，使之有难易之分，内容详细，有趣味；各个教学流程、环节要考虑全面，各个环节要紧扣主题和活动目的，提问要有梯度；教学过程中问题的创设要考虑学生的个别差异和特殊性，上完每节思想品德课还要有课后反思，想想哪个问题提得好、哪个环节还可再改良等。作为特教教师，需要更多的耐心，要比一般的教师付出更多的时间和精力，这样才能收到较好的效果。比如，我在上《交通安全，你我有责》一课时，结合听障学生生活中常见的交通安全问题进行针对性的教育，让学生明白了交通安全的重要性。

（二）所提之问应具有启发性

当教师在提问而学生无法回答时，教师应该适当地进行提示、点拨，把问题分析开来，由浅入深，善于鼓励，引导学生积极思考和参与。这样，学生才不会太紧张，才会对教师所教的内容产生兴趣，而不会胆怯或反感教师。教师要避免学生产生厌学心理，有时一个小小的问答都能激发他们的自信心，从而激发特殊学生学习思想品德课的兴趣。例如，我在为培智一年

（1）班的孩子们上《讲卫生的好孩子》一课时，先让学生看故事来导入新课：大家看完了故事，觉得乐乐是一个怎样的孩子？然后因势利导，提问：你发现乐乐有哪些不讲卫生的习惯？为了帮他改掉这些坏习惯，你会对他说什么？在我的提问和鼓励下，学生们大胆发言，兴趣大增，达到了教学目标。

三、进行思想品德教学讲究方法

特殊学生因为身体有某方面的缺陷，所以注意力不能较好地集中起来。对于一些有智力障碍的学生，教师可以利用讲故事、看视频等通俗易懂的形式让他们慢慢学会并懂得其中的一些简单道理；如果是聋哑学生，他们听不见别人的言语，教师可以用手比画，例如，教师教学生上下车时，要懂得先下后上和遇见老人要让座等基本礼貌，教师可以先让学生自己选择喜欢的角色：有人扮演司机，有人扮演乘客，有人扮演老人，通过表演锻炼，这样采用情景表演的教学方式可以达到更佳的教学效果。教是为了学，行为文明、培养能力、关心他们的心理健康也是教学目的之一。我关爱这些学生就像关爱自己的孩子一样，用心地、和蔼地、耐心地教授他们。教师要善于结合学生的互动性行为，多鼓励他们，增强他们的自信心。作为特殊孩子，他们需要更多的关怀和温暖，内心更希望得到老师的表扬和鼓励，有时候，教师一个很随意的拥抱会使孩子感到很温暖，从而大大提高他们对学习思想品德课的兴趣。

四、结语

对于特教学生的思想品德教学，教师的一言一行都会对学生形成榜样，所谓有样学样，所以教师首先要为学生树立一个良好的榜样，注重举止形象，同时从教学理念、教学内容、教学方法、教具使用等方面精心设计，使教学形式多样，方法灵法，真正做到因材施教，全面提高特教学生的思想品德课教学的实效性，有效促进特教学生的成长。

参考文献：

［1］崔国刚.浅谈特殊教育学校思想品德教育［J］.学园，2011（5）：141.

［2］雷小波，叶玲.职业培训：特殊教育的亮点［J］.现代特殊教育，
2005（11）：12.

浅谈特殊教育学校德育策略

汕头市聋哑学校　朱炜樟

特殊教育学校的学生相对于普通学校的学生而言具有一定特殊性，要求教育工作者在教育活动开展过程中付出更多的时间和精力。相关研究表明，特殊教育学校的学生普遍存在心理障碍问题，如自卑、胆怯、叛逆等，如果教师在教学过程中不对其进行正确引导，将会对学生的成长造成不利影响，学生甚至会出现报复社会等不良行为和心理。这也意味着特殊教育学校必须对学生进行思想道德教育，并且要不断增强德育的实效性，引导学生更好地成长。

一、抓好常规的行为习惯养成和规范教育

良好的习惯不仅会让学生当下受益，还会让学生一生受益。换言之，习惯养成教育对特殊教育学校的学生一生的发展都将起到重要作用。特殊教育学校在德育工作中首先要抓好行为习惯养成和规范教育，在明确目标的基础上加强常规训练。一般来说，常规训练的要求和每周的德育重点是学生行动准则。与此同时，特殊教育学校还要根据学生日常行为规范，依托学校中心活动以及重大节日等，有重点地坚持举行活动，并且公布活动结果，做到一周一要求。需要注意的是，学校要充分考虑到学生的特殊性，制定的目标要易懂、明确，形成自身特色。为了真正落实一周一要求，使德育工作取得实效，学校有关部门可以在每次升旗仪式结束之后开展"国旗下讲话"活动，具体且明确地指导每周要求，使学生能够做到心中有目标。除此之外，学校还要坚持常规评比，在这个基础上形成有效机制。从某种程度上说，常规评

比是帮助学生形成日常行为规范的激励措施之一，也是学校各项制度得以落实的有效保障。学校的德育处也应当结合各类残疾学生的身心特点和学生日常行为规范要求拟定日常行为规范、文明礼仪标准等方面的具体方案，有效落实行为习惯养成和规范教育。

二、基于特色校园文化，提升学校德育内涵

特殊教育学校在德育工作中，要根据各类残疾学生的特点打造特色校园文化，在这个基础上实现学校德育内涵的提升，为德育工作的顺利实施打好牢固基础。例如，学校要注重"美"的教育。一般来说，特殊教育学校不仅有聋哑人，还有智力缺陷的学生，其中有些学生行为习惯比较差，日常学习和生活中喜欢攀折花草树木，乱吐乱丢，乱画乱涂，不讲卫生。对于他们，不适合使用说教的方式进行教育，鉴于学生的生理缺陷和性格特点，学校可以采取"美育"手段。在教学实践中引导学生认识美、理解美，在这个基础上进一步引导学生创造美、守护美。长此以往，这些学生就会自主呵护学校的美、班级的美乃至生活中一切美好的事物。与此同时，教师可以在教室里面养鱼、种花草，让学生照顾小鱼，爱护花草，以此培养学生的耐心、细心和爱心。除此之外，学校还要针对校园育人环境不断进行优化。例如，学校比较醒目的墙面，教师可以根据学生的学习特点制作美观的德育版面，或者写上生动有趣的德育故事等，利用这样的德育环境熏陶学生，培养学生高尚的道德情操。除了醒目的墙面，学校还可以充分利用楼梯转角、走廊等各个角落，或是贴上德育内容，或是悬挂包含德育内容的牌子，让学生随时随地都可以接受德育的熏陶，促进学生道德素养的提升。

三、开展丰富多彩的主题教育活动

除了打造良好的校园文化，学校还要积极开展丰富多彩的主题教育活动，通过这些教育活动增强学生的情感体验，使学生深入了解和掌握德育知识并将其内化成自己的行为。例如，学校可以开展"三生，四爱，五好"活动，利用该主题教育活动对德育进行强化。一般来说，主题班会课是学校德育工作的主渠道，班主任可以将"三生，四爱，五好"作为班会的主题，每个班级每个月至少围绕该主题开展一次主题班会。如果条件允许，班主任还

可以组织学生开展一次相关的实践活动。除此之外，针对实践活动取得的实效，班主任还可以组织学生进行交流和总结，以此强化德育工作的效果。学校可以开展"一评三管好"主题教育活动，对立德树人的目标进行深化，通过开展这项主题教育活动，引导学生树立争优观念，在这一基础上，学校还可以根据学生的实际情况评选出"美德少年、劳动之星"，以这些少年为榜样，指导其他学生"见贤思齐"，利用榜样的力量激发学生的动力，使每一个学生都能养成良好的道德行为习惯。学校还可以开展"崇德向上、明理知耻"活动，并且在学校常规中纳入"崇德向上、明理知耻"活动，使学生认识到"崇德向上、明理知耻"的重要性，从而养成良好的行为习惯。学校通过这些主题教育活动来丰富德育内容，增强学生的情感体验，使学生在活动中不断进步和成长。有关实践研究表明，以活动为载体开展德育工作，其宣传效果要远远胜于理论知识的传授。

四、基于家校合作开展个别化教育

首先，特殊教育学校在德育工作中要有效落实家校联系制度，与家庭教育形成教育合力，增强德育的实效性。家庭教育对学生的影响远远超过学校教育的影响，很多学生寒暑假在家待数月之后，回到学校时，很多好不容易纠正的行为习惯再次出现。为了避免出现这样的情况，特殊教育学校在实施德育的时候一定要最大限度获取家庭教育的支持与配合。例如，学校可以采取"家校联系单"措施，将学生的学科作业、习惯养成、假期注意事项、在校表现等以书面的形式向家长告知，并要求家长积极配合工作。尤其是在寒暑假以及其他节假日的时候，教师要让家长正确引导孩子的行为，帮助孩子坚持一些好不容易纠正过来的行为习惯，以此增强德育的实效性。其次，学校还可以利用信息技术给每一个学生建立成长记录袋，在这个基础上对学生实施个别化教育、针对性教育。特殊教育学校的学生个性、接受能力和认知能力差异大，学校有必要对学生进行针对性的教育。要想有效落实这一教育，学校要利用信息技术给每一个学生建立成长记录袋，并且为学生拟订科学合理的成长计划，对学生实施行为矫正。这一措施可以便于教师更好地了解学生的情况，也有利于班主任以及其他教师根据学生的特点对学生进行有针对性的教育。除此之外，学校还要定期或不定期地对学生的成长档案信息

第一章 特教园地·匠心耕耘

进行更新和补充，在这个基础上实施有针对性、有目的性、有效的德育，为学生将来更快、更好地发展打好牢固基础。

综上所述，特殊教育学校的学生因为生理上的障碍导致其存在一定程度上的生活障碍和认知障碍，而且其性格和心理特点或多或少表现出一定的特殊性，因此，特殊教育学校非常有必要对学生进行德育教育。有效的德育教育不仅可以增强学生的自信心，帮助学生解决困惑，还能提升学生的心理素质、道德素养和综合素质，使学生以积极、健康、乐观的态度面对学习和生活。

参考文献：

[1] 王萍.浅谈在特殊教育学校教学中德育教育的方法和途径［J］.中国校外教育，2015（1）：14.

[2] 刘桂香.特殊教育学校德育与心理健康教育工作探析［J］.科学咨询（教育科研），2018（7）：5.

[3] 扎西平措，周朝坤，余乐.特殊教育学校德育工作重点的思考［J］.绥化学院学报，2016（1）：158.

[4] 熊卫华.浅谈对培智学校智力落后学生思想道德教育的几点体会［J］.才智，2016（33）：32.

[5] 高文华.聋生德育教育之我见［J］.齐齐哈尔师范高等专科学校学报，2008（6）：147.

聋校非遗文化艺术培养课程的构建研究

汕头市聋哑学校　黄瑞霞

一、国内外研究现状述评

1950年，日本成为世界上首个通过《文化财保护法》开启非物质文化遗产保护的国家，根据日本政府的规定，每名小学生在校期间必须观看一次傩戏、傩舞。目前，世界各国政府均充分认识到要保护和传承非物质文化遗产，必须与正规的教学体系相结合。2002年，中国开始研究非遗与教学的关系，从学校非物质文化遗产课程的相关文献来看，我国在非遗文化校本课程的研究类型和研究内容上多数为应用研究，缺乏理论与实践相结合、系统且有深度的研究成果。

二、选题意义

学校地处潮汕地区，潮汕文化作为中华优秀传统文化的重要组成部分，其底蕴深厚，拥有潮绣、潮阳剪纸、茶艺等具有代表性的非物质文化遗产。学校一直致力于开展潮汕特色文化课程，让听障学生在学习本土文化中继承与弘扬优秀的非物质文化遗产，培养他们感受美、鉴赏美和创造美的能力，通过学校教育培养潮汕文化传袭人。

三、研究价值

本文旨在为其他特教学校构建非遗文化艺术培养课程提供理论与实践指导，该研究有助于残疾学生掌握非遗技艺，培养残疾学生的民族自豪感和文化认同，亦能满足学校的个性化发展，促进学校课程体系不断完善。

四、研究目标

通过构建一系列适用于听障学生的非遗文化艺术素养课程，从学生层面，激发听障学生对中华优秀传统文化的兴趣，克服自卑情绪，扎实掌握一门技艺，传承非遗文化；从学校层面，有助于优化课程结构，推广成果经验，培养出具有一技之长的听障学生；从社会层面，帮助学生在社会上立足，促进社会的和谐平等，让中华优秀非遗文化得到继承与推行。

五、研究内容

（一）研究对象

本课题的研究对象为听障学生，并以汕头市聋哑学校为例，以该校国家级非遗课程（潮绣、剪纸、茶艺）构建的研究为样本，提出传承非遗文化基因的听障学生艺术素养课程构建研究。

（二）课程构建

1. 基本理念

课程构建遵循两大理念：一是"知行合一 ——文化与技艺交替并重"。即课程注重文化与技艺的统一，文化与技艺并重是传承的基础，教学过程交替并重。二是"循序渐进炼能力，回环往复得真知"。课程循序进行，逐步培养学生能力，多次回环往复，最终发展为艺术素养，传承非遗文化的精髓。

2. 阶梯进步式培养体系

传统单一的培养体系不能充分激发学生兴趣，注重理论教学更不能让学生明白技法技巧的内里究竟，与普通学科式教学混为一谈，更无法传递技艺背后的精神力量。

汕头市聋哑学校研究的课程建构确立了"知趣""探访""实操""传袭"四个阶段的培养体系。以达到循序渐进、由外化到内化的目的。

3. 培养阶段教学模式

在"知趣"阶段，以非遗文化的历史故事激趣，先由教师生动讲述，再发挥听障学生的肢体优势进行自我演绎，充分发挥非遗文化的感染力；在"探访"阶段，借助与民间工作坊、非遗文化单位的合作，通过直播或实地探访，与民间技艺传承人交流互动，让学生简单模仿技法技巧，体验身临其境之感；在"实操"阶段，运用"师徒制"教学模式"传、帮、带"，长时间磨炼技艺，与优秀作品对比分析；在"传袭"阶段，学生将技法技巧内化为创意作品，并由有经验的学生带动"实操"阶段的学生，以具有创造力的作品传承非遗文化。如潮绣课程是最具潮汕地域特色的一门艺术学科，在潮绣课程的建设与探索中，学校邀请国家非遗潮绣传承人莅校传授潮绣技艺，每周二、周四下午各两节实操课，一个月一节理论课或作品鉴赏课，从而培养出技能精湛的学子。这四个阶段都是为了发展和延伸听障学生的六元核心能力——学习力、审美力、合作力、创新力、社会适应力、生存力。

4. 课程实施与评价

在校内成立工作坊，打造非遗文化长廊，举办作品展等，在校外获得和非遗单位、文化馆、民间艺术家的支持合作，形成帮扶机制。这样可以让学生走近非遗文化，感受艺术的魅力，获得专业指导；教师与专家保持学习和咨询模式，对学生的问题给予及时解决。课程评价除了评价对象、主体不同，还要注意评价的参照标准和反馈策略的不同，分为绝对评价、相对评价和个体内差异评价，同时，注意评价手段的多元，从量性和质性进行评价，以因材施教为宗旨。

六、研究假设

（一）非遗文化艺术素养课程能提高听障学生的素养

非遗文化艺术素养课程能让学生发挥主观能动性，满足听障学生的成就感，传递文化力量的感化性，体会到被尊重和被认可的积极感受，缓解消极情绪。非遗文化带来的就业前景让课程具有效用性；种类丰富，部分技艺对听力条件没有要求，对于听障学生是平等的门槛。该课程能够按照听障学生的认知水平和非遗文化技艺的学习规律，研究出依托阶梯进步式人才的培养体系，并应用于教学实践。

（二）非遗文化艺术素养课程能传承推广非遗文化

本校学生通过课程学习，能传承非遗技艺、提高文化自信，在此基础上，在具有类似背景和基础条件的地区学校进行试点。部分学校成功试点后，即可对课程构建更进一步开展具有普适推广性的研究，以点、线、面的形式推广，扩大非遗文化艺术的宣传和传承范围，避免非遗文化成为后继无人的"遗产"。

七、创新之处

（一）学术思想

听障学生属于特殊群体，又属于学生这一普通群体。非遗文化具有所有文化的共性，在文化类型方面又具有独特性。抓住两种特殊性之间的共通点，挖掘其间的联系，是为课程构建研究奠定的学术思想基础。

（二）学术观点

阶梯式人才培养体系符合听障学生的认知发展规律，又契合非遗技艺的继承经过。阶梯进步式的培养体系与课程构建内容相融合，技艺与文化在教学过程中交替并重，两条主干线真正贯穿在非遗文化传承下的艺术人才培养课程构建之中。

八、研究思路

课程是学校教育的核心，是学校培养未来人才的蓝图。本文着力开发一套既能体现时代精神又符合特殊教育特点的非遗文化艺术素养课程。研究以调查、访谈等方法探寻和挖掘课程资源，重点设计非遗文化课程体系的课程方向、课程大纲、课程内容、实施方案，探究非遗文化课程的评价方式，把课程经验分享、推广到其他学校，以达到资源共享，满足学校个性化发展。

构建网络，沟通关联，培养建模意识

——谈小学高年级学生数学建模意识的培养

汕头市澄海启智学校　吴丹青

《义务教育数学课程标准（2011年版）》在总目标中明确提出："模型思想的建立是学生体会和理解数学与外部世界联系的基本途径。"意思就是说：建立模型思想的本质就是使学生体会和理解数学与外部世界的联系，而且它是实现上述目的的基本途径。目前，无论是教材的内容，还是教学活动的开展，都加强了学生建模意识培养这方面的内容，但是小学生对数学的应用意识和应用能力明显认识不够，而数学建模则是实现这一教育目的重要且有力的手段。增强小学生应用数学的意识，特别是将数学建模的思想有机地融入小学高年级的数学教学有助于提高学生学习数学的兴趣和应用意识。

如何帮助小学高年级学生建立起自己的数学模型呢？我认为，数学建模的教学一般分为两个层次，即基础性建模与拓展性建模。关于基础性建模，张奠宙教授曾说："就许多小学数学内容而言，本身就是一种数学模型……我们每堂数学课都在建立数学模型。"事实上，日常教学中的知识传授过程很多是帮助学生进行基础性建模的过程，如各种运算定律、运算性质、关系式、计算公式、方程、图形，等等。而拓展性建模则是通过对课本前后知识点的整合去揭示这些知识点的本质特征，运用这些特征解决问题。可以说，拓展性建模是提高小学数学高年级学生综合能力的重要途径。我认为，教师要帮助小学高年级学生进行拓展性建模，可以从以下三个方面进行拓展。

第一章　特教园地·匠心耕耘

一、帮助学生构建知识网络，认清数学模型

教师不仅要关注知识点的多少，而且应该关注知识点存在的知识体系，关注这些知识点前后之间的联系，无论你教到哪里，都应该明确这个知识点前面的知识支撑是什么、后面还有什么知识分布，帮助学生建立起一张知识网络，这对于小学高年级学生尤为重要。以分数解决问题为例，教师在分数、百分数的解决问题的教学中，整个知识跨度主体为第十册、第十一册和第十二册。在这三册教材的教学中，教师应当紧紧抓住三种题型：（1）求一个数是另一个数的几分之几，用除法计算（第十册）；（2）求一个数的几分之几是多少，用乘法计算（第十一册）；（3）已知一个数的几分之几是多少，求这个数是多少，用除法计算（第十二册）。教师可通过字母关系式帮助学生逐步抽象建立这三种题型的一般解法：（1）求A是B的几分之几，就用$A \div B = \dfrac{A}{B}$计算；（2）求A的$\dfrac{C}{B}$是多少，用$A \times \dfrac{C}{B}$计算；（3）已知一个数的$\dfrac{A}{B}$是C，求这个数是多少，用$C \div \dfrac{A}{B}$来计算。随着教材的知识的加深，逐步把这些知识归类，帮助学生厘清主线，这样能够大大提升学生的综合能力。怎么归类呢？如图1所示：

1. 求一个数是另一个数的几（百）分之几（第十册、第十一册）——→ 求一个数比另一个数的几（百）分之几、百分率（第十一册）——→ 折扣率、成数、税率、利率（第十二册）。

2. 求一个数的几（百）分之几是多少（第十一册）——→求比一个数多（少）几（百）分之几是多少（第十一册）——→求现价、应纳税额、利息等（第十二册）。

3. 已知一个数的几（百）分之几是多少，求这个数（第十一册）——→已知比一个数多（少）几（百）分之几是多少，求这个数（第十一册）——→求原价、成本、各种收入、本金等（第十二册）。

图1

只有教师心中建立了这样的一张知识网络，你的教学才有章可循，才会让学生明确知识脉络，体会知识由易到难的编排。无论教到哪个知识点，都

能指导学生找到知识的原型，建立模型去解决问题。这就要求高年级数学教师必须有前瞻意识，要对教材前后知识点的分布了解得比较透彻，明确教到哪个知识点，就要帮助学生建立什么样的数学模型。

二、帮助学生回归知识本元，形成数学模型

回归知识本元，即帮助学生找到知识点的根源。很多题型千变万化、林林总总，学生很容易混淆，让学生找到关联的知识有助于帮助学生认清知识的原型，更好地运用所学知识解决问题。曾经我接手的一个班，不少学生把类似 $6 \times (\frac{1}{6} + \frac{1}{4}) \times 4$ 这样的题目错做成 $6 \times (\frac{1}{6} + \frac{1}{4}) \times 4 = 6 \times \frac{1}{6} + \frac{1}{4} \times 4 = 1 + 1 = 2$。我并不急于纠错，而是让他们完成一道非常熟悉且容易的题目：$(\frac{1}{6} + \frac{1}{4}) \times 24$，学生几乎都做对了。我提问几名学生怎么做，他们都不约而同地提到了这是应用了乘法分配律。我趁机让他们说出乘法分配律的模型（a+b）c=ac+bc，进而引导他们认识 c 在这里不仅代表一个数，还可以代表一部分，如一个积。接着我再让他们完成 $(\frac{1}{6} + \frac{1}{4}) \times (6 \times 4)$，不少学生已经能领会这个"c"了，不再出现上面的错误做法，有的先把 6×4 算出来是 24，再回到（a+b）c=ac+bc 这个模型来计算，还有不少学生直接用（6×4）分别去乘 $\frac{1}{6}$ 和 $\frac{1}{4}$。我及时表扬了这些同学，然后把 $(\frac{1}{6} + \frac{1}{4}) \times (6 \times 4)$ 中的"6"移到括号的前面，变成了原题 $6 \times (\frac{1}{6} + \frac{1}{4}) \times 4$。学生恍然大悟，不禁一起鼓起掌来，因为他们真的懂得了乘法分配律的原型。从此以后，班里出现这样错误的学生大为减少了。再如，在教学工程问题时，学生对这样的题目"甲乙两队合修一条长300米的路，甲队独修15天可以完成，乙队独修20天可以完成，两队合修几天可完成？"的解法容易混淆，经常错算成"300÷（15+20）或 $300 \div (\frac{1}{15} + \frac{1}{20})$"。面对这种情况，我及时让学生明确本题的问题是求合作完成的时间，让学生明确本题的知识原型：工作

时间=工作总量÷工作效率和。提醒学生：如果工作总量是一个数量，那么效率和也应该是一个数量和，即甲乙两队每天共修多少米，就应该列300÷（300÷15+300÷20）；如果把工作总量看成1，那么效率和就应该是甲乙两队每天共修了这条路的几分之几，就应该列成$1 \div \left(\dfrac{1}{15} + \dfrac{1}{20} \right)$，从而把这两种解法有机地统一起来。由此可见，帮助学生认清题目的原型，建立回归本元意识，能更好地提高小学高年级学生应用数学的意识和解决实际问题的能力，使他们形成良好的数学认知结构。

三、帮助学生归纳总结知识，养成建模习惯

教师要善于总结，随时帮助学生归纳消化前面已学知识，要善于引导学生自主探索、合作交流，对学习过程、学习材料、学习发现主动归纳、提升，力求建构出人人都能理解的数学模型。如在教学圆柱体积计算公式时，教师可紧紧围绕圆柱的体积等于底面积乘高这个知识点来展开：①先提供丰富的实验材料，让学生小组合作交流，体验领会把圆柱体积化为长方体，圆柱体积等于底面积乘高；②将拼成长方体后的圆柱体推倒，让学生观察此时的长方体体积还可以怎样计算，引导学生进一步探索圆柱的体积还可以等于圆柱体侧面积的一半乘以半径；③与长方体、正方体体积统一计算公式联系起来，帮助学生领会任何均匀的物体（同一方向任意横截面的面积相等），其体积都可以用底面积乘以高进行计算；④由此可以做适当的知识延伸，如介绍水库堤坝的体积计算，以及中学三棱柱、多棱柱的体积计算等。教师通过这样的层层深入，总结归纳，可以帮助学生建立这些规则形体的体积计算模型，达到举一反三的教学效果。

再如，在复习圆这个单元时，让学生小组交流，体会思考半径的平方的实际意义，建立半径的平方实际上就是以半径为边长的正方形的面积这个模型（如图2所示），让学生思考若告诉的不是圆的半径，而是正方形的面积，如何求圆的面积；再趁热打铁让学生思考已知图3中三角形的面积，如何求圆的面积；已知图4中阴影部分的面积，如何求环形的面积等问题。以上问题可以让学生理解公式中的字母表达的实际内涵，引导学生随机感知数学模型的存在。学生只有经历这样的随机探索过程，数学的思想、方法才能沉积、凝

聚，从而使知识具有更大的智慧价值。

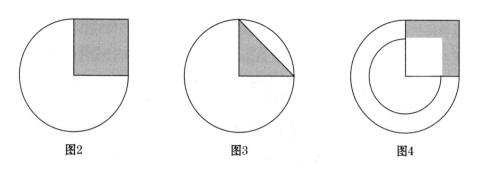

图2   图3   图4

    小学生数学建模思想的形成过程比较复杂，帮助学生建立数学模型、形成自己的数学思想、发展自己的数学能力是广大数学教师肩负的重任。这就要求教师应具有前瞻意识，教会学生建立回归本元意识、随机建模意识，在数学教学过程中随机进行数学建模思想的渗透，让学生体会利用数学建模的思想方法解决实际问题的妙处，进而对数学产生更大兴趣；同时，培养学生的协作、探索、创新精神，为学生的终身学习、可持续发展奠定坚实的基础。

让劳动教育"活起来"

——提高视障学生劳动技能水平的对策研究

汕头市特殊教育学校　刘文婷

一、针对视障学生开展劳动教育的重要意义

习近平总书记在全国教育大会上提出"培养德智体美劳全面发展的社会主义建设者和接班人"，随着时代发展对人才培养提出更高的目标和要求，劳育在"五育"中的地位得到进一步提升。

针对视障学生实施劳动教育、实践劳动教育的核心在于劳育水平直接关系并体现着视障学生的康复训练水平，影响着学生的社会适应、社会参与水平，甚至会直观地反映出学生的心理健康水平。当学生通过劳动教育训练掌握的劳动技能越多，能够使用的劳动工具越丰富时，就意味着学生能够实践的劳动互动、协作形式将更加多样化；在劳动能力提升导向下，视障学生也更有潜力由康复训练者发展为劳动价值创造者；同时，盲校所实践的卓有成效的劳育会给视障学生个人、视障学生家庭，乃至社会带来良好的价值与效益。由此可见，要重视和优化劳动教育的实践方法和途径，找准对策，提高视障学生的劳动技能水平。

二、针对视障学生开展劳动教育存在的问题

鉴于德育、智育、体育和美育的教育成果可由劳育作为实践和成果展示途径，我国各个教育阶段不同类型的学校均需要重视劳动教育。肩负特殊教育重任的盲校对发展视障学生的劳动素养承担着更为艰巨的责任，但从当下

盲校所开展的劳动教育情况来看，存在以下几个比较突出的问题。

（一）校本化的劳育课程体系构建不足

由于《盲校义务教育课程标准（2016年版）》中未设置独立的劳动课程，因此大部分盲校并未单独开设针对视障学生的劳动课程，或仅在小学低年级开设劳技课，甚至仅在其他课程的教学内容中提出劳动教育的要求，以致针对视障学生的劳动教育并未形成系统化、系列化、进阶性的课程体系。松散的劳动教育会导致教师无法直观地评估视障学生阶段性的劳动素质发展水平，也不利于学生通过劳动课程学习和实践发展劳动兴趣，更不利于学生通过学习养成良好的、感知灵敏的劳动习惯。

（二）劳动教育模式单一

视障学生的身体条件、学习能力，以及学习方式决定了他们在接受劳动教育的过程中，通常需要从较为基础的劳动能力，比如应用于实际生活的劳动技能开始学起，并且学生需要花费较长时间和通过反复的指导训练，才能较为熟练地掌握这些技能。这些学习特点均导致教师在设计针对视障学生的劳动课程时，因过度关注学生对技能的掌握水平而忽视了有必要在劳动教育中增加趣味性，以致整体呈现的劳动课程模式单一。大部分视障学生经过一段时间的学习后，会对反复学习实践的劳动课程感到厌倦，进而表现出懈怠劳动学习的状态，让盲校的劳动教育呈现"死水"状态。

（三）劳动教育评价体系不完善

劳动教育评价体系构建的意义在于以下几个方面。

其一，能够有效指导教师更为精准地设计下一阶段的劳动教学、实践和训练内容，提升劳动课程的层次性；其二，有助于推动学校对劳动教育的整体实践水平进行反思，进而制定出更为优质的劳动教育总体战略规划；其三，有助于更好地以量化的形式与视障学生的家长沟通学生的能力发展情况。

很多盲校在针对视障学生的劳动教育评价层面未构建完善的评价体系，比如说，未对视障学生已经掌握的劳动技能类型、技能的掌握程度、劳动中的独立性或协作能力等要素进行评价，而当这些评价要素未在劳动教育中得到体现时，视障学生的劳动技能水平将一直停滞不前。

三、提升视障学生劳动技能水平的有效对策

劳动教育具有树德、增智、强体、育美的综合育人价值，对于盲校教育而言更是如此。为了有效解决当下盲校在开展劳动教育方面存在的问题，有必要通过实践以下对策来激活劳动教育，从而提高视障学生的劳动技能水平。

（一）构建因校制宜的校本化劳动教育课程体系

以当下相对成熟的劳动课程教材作为开发校本化劳动教育课程的参考标准，将对视障学生的基础能力训练、日常生活能力培养、治理能力培养等均纳入劳动课程的设计要素中。为了帮助视障学生更好地践行劳动课程的学习要求，在开发校本化劳动课程时，务必将劳动课程的教学内容实现指令清晰化、动作标准化、劳动辅助工具明确化，并且为了达到更好的劳动教学成效，在设计课程内容的同时，有必要同步设计优化适合视障学生使用的手工操作工具或劳动操作工具，甚至有必要结合明确的劳动教育实践项目，在学校已有劳动设施的基础上，设计更新一些更为智能的劳动训练动作指导设施。

与普通学校相比，盲校更加需要重视在劳动教育上的信息化、智能化设备投入，并将其视为提升劳动教育水平的重要组成部分。比如说，考虑在一些劳动教育场景中运用视觉识别和分析技术，以及语音提示技术，在教师的人力教学与辅导外，由这些智能技术实现对学生的标准化劳动动作进行指导。具体的情景演示为：由装置于劳动设备上的智能系统发出如"向前一步、两步……""弯腰、低头""请将前方的碎屑扫入垃圾铲"等指令，让智能化的设备代替教师的眼睛，让视障学生的劳动实践变得轻松。

（二）重视劳育与其他学科的交叉与渗透

从劳动教育的本质来看，劳育的内涵与层次都是非常丰富的，且具有延伸性强、无处不在等特点。立足学校教育的中观视角来看，在构建专业的劳动课程体系外，学校可以通过教学管理提高跨学科劳动教育的协作水平。

在学科教学中，很多科目都可以从教学内容中提炼出可供使用的素材。比如，数学课中的黄金分割、语文课中的《悯农》、历史课中的《清明上河图》等经典素材、社会实践活动中的博物馆等，学生在教师的引导下体验劳动人民的聪明才智，感受劳动创造美好生活的伟大，让视障学生学会尊重劳

动人民，爱惜劳动成果，欣赏劳动创造的美，由此产生对劳动者的由衷敬仰，从而润物细无声地实施劳动意识教育；同时，鼓励社会适应、综合康复等学科教师更为深入地挖掘这些课程中的劳动教育资源，并针对视障学生的特点，设计形式多样的劳动实践课程，拓展学生实践劳动的渠道和维度。

（三）实践多元化的劳动教育模式

对于视障学生而言，他们大部分的劳动学习和实践情景集中在校内，且劳动实践活动的方式较为单一。为了提高学生的社会参与水平，帮助学生借由劳动认知协作、团体对个人发展的意义，以及为了更好地增强视障学生的自信心、自尊心，学校在开展劳动教育时，可以组织开展具有竞技性、评价性的劳动技能竞赛，包括手工制作、班级卫生、住宿卫生、田园种植实践评比活动，让学生的劳动意愿在竞赛性的活动中得到激励。

为了更好地发展学生对社会生活的认知，学校可以通过联络校外资源，带领学生在校外参加一些力所能及的环保公益活动或助人公益活动，如敬老活动等，让学生通过参与这些活动来提高自我价值的认知水平。

发挥每一门学科的教育作用，鼓励各门学科的教师重视学科背景下的劳动教育，如由人文社会方向的学科注重培养学生的劳动价值观和劳动精神；由科学方向的学科启迪学生形成劳动创新意识及探索科学的劳动方法。

（四）构建完善的劳动教育评价体系

通过构建班主任、任课教师、学生互评等多角色评价体系，同时，结合劳动课程课堂学习评价、劳动实践活动参与评价、创新劳动方法评价、劳动助人评价等，构建基于多个评价维度的综合劳动教育评价体系，让视障学生的劳动能力发展和劳动素养得到动态化的评价，并让这些评价记录成为见证学生成长的重要文本，以评价作为一种有效的劳动实践激励手段，让学生从中感受到劳动的价值与意义。

针对高阶段的视障学生，学校可以考虑将过程化的劳动教育评价作为学生就业的一项资格推荐指标，让学生在就业目标的导向下，形成更为积极主动的自主劳动能动性。

（五）促进家庭劳动教育常态化

视障儿童因生理缺陷，自幼其父母在各方面都给予了过度的关注，孩子很少有独立行事的机会，致使其生活自理能力、动手能力低下，同时缺乏意志力和独立性。部分家长受传统观念的影响，只顾孩子的智力开发，以期弥补生理缺陷，而忽视了对孩子劳动意识、劳动技能的培养，这是视障教育的一大弊端。

学校应积极通过家校联合，以召开家长会、举办家庭教育专家讲座和发放家庭劳动教育指导资料等方式，向家长普及对视障学生开展家庭劳动教育的重要性和必要性，使其明白劳动在视障学生成长中的积极意义，同时帮助家长纠正在孩子教育行为上的偏颇。学校可根据衣、食、住、行等日常生活中各个方面的劳动内容给家长和学生布置适当的家庭劳动作业，可要求学生从帮助家庭做一些力所能及的劳动开始，由简及繁，由易及难，使学生在家庭中得到劳动锻炼和家长的正确指导，做到每个阶段有针对性地掌握1~2项劳动技能，以促进家庭劳动教育常态化来巩固学校劳动教育规范化。同时，还能以家庭为单位，开展先进带动后进，或者评选劳动小能手、优秀劳动成果等活动来进一步激发学生的劳动兴趣，从而提高学生的劳动技能水平。

在教育观察中不难发现，视障学生掌握的劳动技能越多，其独立生活能力越强，越能体现出自强自立的精神，提高视障学生劳动技能水平既是对国家劳动教育政策的实践表现，又是视障学生自强自立、融入社会的需要。盲校应重视视障学生差异化的劳动能力培养，积极实践信息化、智能化的劳动教育，将劳动教育的短期目标与长期目标进行有机结合，让劳动教育"活起来"，从而实现以劳树德、以劳增智、以劳强体、以劳育美、以劳创新的大教育格局。

如何更好地开展聋校音乐（律动）教育

汕头市聋哑学校　谢佩芳

音乐通过音的长短高低、节奏的轻重缓急来展示它的魅力，给人以独特的情感体验，是一种声音艺术。而聋生听不到音乐，无法唱出歌曲，但他们同样能感受音乐、表达音乐。他们能感受节奏的跳动，而律动就是他们的表达方式。如何更好地开展聋校音乐（律动）教育？作为聋校教师，必须重视律动课的基础教学训练，充分发挥律动课陶冶情操、愉悦身心的功能，弥补聋生由失去听力造成的平衡能力差、自我控制能力差等不足，还要促使聋生形成举止大方、身体灵活协调、自信阳光的气质，真正实现特殊教育"挖掘潜能补偿缺陷"的教学功能，让学生真正地从教学中认识并欣赏律动美，从教学训练中去塑造形体美，在表演比赛中表现整体美。

一、律动在聋校艺术教育中的重要性

律动是一门以人体为媒介的表演艺术。律动通过人自身来展现，以动作为表现手段。律动能以其独特的艺术形象去影响和感染聋哑学生的精神，使聋生在感受美的过程中产生共鸣。作为一名聋生，有耳不能听，有口不能说，这种缺陷本来就是令人痛苦的，这种生理缺陷使他们不具备直接感知力，影响了他们的平衡能力，模仿、表达、自控、对韵律的感受、欣赏、表现的能力弱，而聋校的律动教育却可以让聋哑学生用眼睛来读音乐，用身体来感悟韵律，体会到人体语言的美妙，通过人体律动来展示体态美，使他们热爱生活、热爱艺术、热爱一切美好的事物，表达内心的情感需求和对美的感受，从而补偿聋生在生理、心理上的缺憾，对其潜能进行开拓与挖掘，发展他们的代偿优势，使学生们虽聋却能感知韵律，虽哑却能翩翩起舞。不管是在学校律动室的学习、训练、创作过程中，还是在各个表演、比赛中，学生们始终沉浸在一种快乐和良好的气氛中去感受、体验、追求艺术之美，他们也用他们的执着告诉我们、感动着我们。

二、如何更好地开展聋校音乐（律动）教育

音乐（律动）教育不仅能够发展聋哑学生的视觉、触觉、残余听力和语言，还能够发展学生的直觉能力和空间想象能力，对抽象逻辑思维起到补偿作用，有助于学生的智力发展。丧失听力的聋哑学生在教育教学过程中通过视觉来欣赏美的事物和律动并展现美。如何使聋校律动的教学工作开展得更好？可以加强如下几个方面的工作。

（一）教师形态、和谐的师生关系

音乐（律动）教师不仅要具备较高的舞艺，而且要善于用自己的感染力和真挚的感情去影响学生，把律动教学引入美的境界。教师的情感形态对学生有着潜移默化的影响，和谐的教学气氛对学生的律动情感调动有着积极的作用。这就要求教师在课堂上或在指挥时比学生还要投入，还要动情，要把热情高涨的情绪带进课堂，把饱满的激情带进课堂，把深厚的情感交流带进课堂。通过形体训练、节奏训练和对喜、怒、哀、乐、美、丑的形象训练等方法，用自身良好的情感体验来正确引导学生进行情感交流，充分调动学生积极性，使其去学习律动、表现律动。而在整个教学过程中，和谐良好的师生关系融汇成一股浓浓的情感流，不仅提升了学习质量，也使师生的校园生活更加美好。

（二）重视音乐知识

虽然聋生听不到音乐，无法唱出歌曲，但他们能感受音乐、表达音乐。教师不能忽略歌曲教学，要形象化、生动化地教授学生音乐知识。聋生感知音乐途径最重要的是节奏，在课堂中，例如教学音乐知识中二拍子的认识，教师利用鼓，让聋生用手触摸鼓帮、感受木地板的振动，以此去感受重击与轻击时鼓皮的变化，体会强—弱的节奏特点，然后联系步法"踏跐步"，练习重击轻跐，亲身感受二拍子第一拍强，第二拍弱的特点。由于他们是有听力障碍的学生，听不见音乐，感受不到旋律，因此动作的节奏很难掌握。教

师还通过"以手代口"的基础训练、"以数代乐"的节奏训练，以及"以形代情"的情感教学来弥补聋生学习律动的缺陷。在教学中，教师运用手势"1、2、3……"来表示节拍，在强拍时以重击来提示，学生可以一边看教师的手势动作，一边感受打鼓的强弱振动来体会拍子的强弱。这样不仅培养了学生的节奏感，还使学生养成了聆听的良好习惯。在教学中，教师要充分调动聋生残余听力、触觉、视觉等各种感官知觉，把听不见的东西想办法展现出来，让学生能看到、摸到、感受到，从感性入手培养聋生对音乐"知其然，知其所以然"。

（三）借用现代教育技术激发学生的学习兴趣

人的感知越全面，记忆也就越深刻。由于听力语言障碍，所以聋生的学习感知能力受到很大限制，记忆上存在弱点。学生遗忘速度快这一弱点恰恰会在聋校音乐（律动）教学中反映出来。上节课教授的动作很多学生到下一节课回忆知识的时候就忘了。而传统的聋校音乐教育模式以教师教授律动、学生单纯模仿律动动作为主，虽然培养了学生一定的节奏感知和协调能力，却忽视了学生的感受，他们只是机械地模仿，感受不到更多的趣味，久而久之容易对这门科目产生厌倦的情绪。律动教学中多媒体技术的采用大大吸引了聋生的注意力，这是传统教学手段所不能取代的。

例：在新疆舞蹈《阿拉木汗》的教学中，教师采用最直观的多媒体教学方式，播放有关新疆的风土人情图片，让学生更直接地了解新疆以及新疆的舞蹈，观赏由新疆舞蹈演员表演的当地舞蹈更具风情，学生能从视频中感受到那种氛围；再结合节奏练习，使学生明了新疆舞的节奏特点和舞蹈律动的特点，并让学生在创作实践中，提高表演表现力，体验创作的乐趣，增强自信心。学生们只有从舞蹈律动中获得自信，才会更加主动地参与、感受、体验和理解舞蹈文化。

教师在教学过程中巧用多媒体，让学生多渠道摄取大量的知识和信息，全面提高律动课的教学效率。学生是教学的主体，在律动教学中应当充分发挥其主体作用，让学生自己做，尽情地表现自我。加上运用多媒体进行教学，可以让学生更好地了解到标准的舞蹈律动知识，使学生在一种愉悦、宽松、自主的氛围下学习优美的舞蹈，有助于提高教学质量。

（四）提高教师能力水平及综合素质

1. 提高律动专业技能和实践能力

（1）加强弹、唱、跳基本功。

（2）提高课外活动专业能力（舞蹈队的组建、律动创编的能力、晚会活动的组织能力等）。

（3）提高现代信息技术能力。

2. 教育职业素养

（1）树立献身聋校教育的人生观和自我奉献的价值观。

（2）重视人文素养的构建。教师的教学知识不应该局限在自身专业上，而是应该加强学习，拓宽知识面，提高自己的素养，更好地为学生"传道、授业、解惑"。

（3）合作交流的能力。在这个"团体协作"的时代，集体协作能力是教师走向成功的"催化剂"。律动实践活动本身就是要依靠团队协作才能完成的，作为教师，应当多点虚心、多点耐心、多点沟通，调用集体智慧，更好地完成工作。

（五）培养可持续发展能力

可持续发展能力的培养是教师成长的重要能源之一，它包括获取、处理信息能力和教育科研能力，它就像一个充电器。教育科研能力是教师终身发展和创新的能力，关系到教师成长的长远意义，该能力的培养的主要途径是要提升教师的教科研意识，创设良好的教科研氛围和环境。聋校律动师资队伍的建设和培养是多途径的，不仅可以靠师范院校的培养，还可以通过继续教育等途径提高现有师资队伍的能力和水平。但无论是哪种途径的培养，对研究和思考聋校律动教师素质结构的构成都具有深远的意义，并通过不断的实践与探索，为聋校律动教师的成长提供良好的发展途径。

舞蹈是再现生活的艺术形式，在音乐（律动）教学中，制订合理的教学计划，更具象化的舞蹈、生活中的小情境舞蹈可以让低部的学生更加有兴趣参与其中；高部的学生可以挑选更多适合自身实际情况的舞蹈去实践、探索、想象，把对一个舞蹈内涵的理解、自身的情感体验用现实化、形象化的肢体语言来表达，转化成优美、生动的情景画面，从看到做、从模仿到表现，使学生的想象和创造能够借助舞蹈这个媒介表现出来。以律动舞蹈教育为内容和形式开展的丰富多彩的活动去促进学生身心健康的发展，展示聋人自强不息的精神风貌，培养他们的集体主义观念和平等竞争的信心。不管是课堂教学，还是课外活动，通过树立如我校"庄文洁"模范典型，让学生有明确的理想追求，通过律动训练和表演对学生进行艺术熏陶，提高学生的综合素养。

总而言之，音乐（律动）在聋校教育中占有极其重要的地位，它在提高学生审美意识、激发创造能力、认识生活、认识社会、认识未来、提升聋生的社会适应能力等方面发挥着重要作用。作为聋校教师，我知道，虽然聋生的音乐（律动）艺术教育之路难行，但它必然是充满阳光和梦想的星光大道。

听障初中生记叙文写作能力提高策略研究

汕头市聋哑学校　许佳慧

书面文字是听障人士和健听人士之间的主要沟通方式，也是听障学生在校学习期间非常重要的学习内容之一。然而，由于受到多方面因素的限制和学习策略的不完善，听障学生在学习书面语言时常常会遇到很多阻碍，很难用较完整的语段表达一件具体的事情。本文旨在分析听障初中生记叙文的学习现状及其原因，并尝试列出几点提高听障初中生记叙文写作能力的学习策略。

一、听障学生记叙文写作现状

（一）语法混乱，句子成分颠倒

听障学生在书面语言表达上常常出现语法错误，特别体现于状语和定语的位置错乱，而定语和宾语的使用较少出错。比如，"我和爸爸妈妈一起去公园"这个句子，他们常常会写成"我和爸爸妈妈去公园一起"；又如，"路上有很多行人"这个句子，他们常常会写成"行人路上很多"；再如，"我不要去食堂吃饭"这个句子，他们常常会写成"食堂吃饭不要"。尽管整体意思没有改变，但不符合汉语书面语的表达习惯，句子成分颠倒，使得句子不能被称为一个完整的有意义的句子。

（二）用词单一，意思表达不准确

听障学生在写作中经常出现用词单一化的问题。比如，表达情绪的，他们常用"开心、快乐、伤心、高兴"等简单的词语，一些比较复杂的情绪表达，比如"心慌、忐忑、百感交集"等词语很少出现在听障学生的作文中，导致他们在某些情境中无法准确表达人物内心的真情实感；在描述"东西在手中"的动作时，他们常用"拿"来形容动作，较少用到"拎、提、抓"等更具体的动词，导致细节描写不到位，较难生动地通过细节动作描写刻画出人物形象。

二、听障初中生记叙文写作学习现状原因分析

（一）手语语序表达习惯的特殊性

区别于口语是健听人士的母语，手语是听障学生的母语。手语与我们健听人士的口语不同，手语的语序没有固定的章法，而是根据不同语境的表达需求而调整各个语块的位置，通常将最重要的部分放在意思的最后。比如说，口语表达是"一群人向我走来"，手语表达是"人，群，来"，后者强调的是"来"这个动作。又比如说，口语表达是"过马路要走人行道"，手语表达是"人，人行道，走"，后者强调的是"走"这个动作。在课堂上，尽管教师用书面语的手语语序跟学生对话，但是，在听障学生的日常生活中，运用得更多的还是自然手势语。比如，书面语中的虚词，手语是靠动作、表情、停顿和呼吸表示的，在日常交流中，学生的大脑里很难即时浮现对应的书面语。

（二）理解能力的制约

由于生理上有听力的缺陷，大部分听障学生的智力发展较缓慢，这导致他们在面对问题的时候，理解能力不如同龄的健听人士。比如对"溢美之词"的理解，在练习造句之前，教师已经解释了这个词是贬义词，意思是"过分赞美的话"，但一个听障学生还是造句"我把所有的溢美之词都用在了这篇作文里"。在多数听障学生的认知里，"溢"是满的意思，"美"是褒义词，组合在一起，难以将其理解为贬义词。又比如对"流淌"的理解，教师解释这是液体流动的动作，学生可以理解"小溪在山间流淌"的意思，但是在句子"时间缓缓流淌"中，听障学生较难理解时间和液体流动之间的互通性，也很难理解句子蕴含的诗意。

（三）易产生畏难情绪

对于写作文，学生普遍都有不同程度的畏难心理。听障学生的语言发展大部分缓慢且不全面，其中有些学生用手语完整表达一个意思尚且有些困

第一章 特教园地·匠心耕耘

难，而要用书面语言描述一件完整的事情、写一篇结构清晰的记叙文更是难比登天。受上述两方面原因的影响，听障学生难以写出表达顺畅、表意清晰的作文，再加上我们教师不注意疏导，他们就开始害怕写作文，久而久之失去了写作的兴趣，作文成了听障学生的思想负担。

三、提高听障初中生记叙文写作水平的策略

记叙文是听障学生最主要的习作题材之一。记叙文人物突出，叙事清晰，具有实用性强等特点。听障学生只有掌握基本的书面叙事能力，才能在与健听人士的文字交流中表达清晰，达到沟通无阻的效果。以下简单论述几种提高听障学生记叙文写作水平的策略和方法。

（一）阅读即积累，阅读与写作相结合

写作锻炼的不是一种凭空想象的能力，而是对于各种词汇、句型综合运用的能力。作文的完成离不开文字的运用，如果学生在积累量上没有达到平均水平，那么他完成的作文一定是枯燥乏味的。教师在课堂教学中要特别注重提高学生的阅读能力，以课本教科书中的每一篇课文作为突破口，让学生学习阅读，学习理解，学习积累。听障学生的理解能力较弱，教师在对其提出阅读要求时，要充分考虑学生的实际情况。同时，教师还要教会学生将课堂上锻炼的阅读能力迁移到课外阅读中，为学生提供合适的阅读素材，丰富学生的阅读知识体系。

每一次的阅读都是对写作素材的积累。教师在带领学生阅读记叙文章时，要有意引导学生形成记叙文的结构概念，在理解过程中，将记叙文的写作六要素渗透其中。在听障学生较弱的细节刻画部分，教师要别出心裁地进行教学设计，用学生能接受的方式引导他们理解、掌握相关的表达方式并通过练习之后，可以熟练运用，从而提高他们的写作水平。

（二）生活即素材，成句、成段，再成篇

只有贴近生活，写作时才有话可说。由于听觉和语言受到限制，聋生很少主动去观察和认识周围事物，更没有用书面语表达事物的思维习惯。在实际记叙文写作教学中，很多教师常犯这样一个错误：出示一篇范文，先将范文拆成各个部分，提炼各部分的内容，再总结范文的中心思想，最后直接让学生开始写作。其实这是一种本末倒置、摆错重点的方法。写作应该以实际

生活为切入点，先用句子描述，再将句子整合成段，最后将段整合成篇。

　　比如，在指导学生写自己难忘的一件事的时候，教师不要急于出示范文，而是先让学生思考自己最难忘的一件事情是什么，学生简单回答之后，教师再继续提出问题：为什么这件事情让你难忘呢？继续追问：这个故事里哪个细节让你印象最深刻？最后问：你从中有什么收获？一个接一个的问题引导学生一步一步思考。这样，学生在回答每一个问题时，就形成了作文每一段的关键句。到实际写作的时候，学生就可以围绕关键句来进一步拓展自己的思路，更具体地表达出心中所想，从而形成段意明确的每一个段落。最后将各个段落有机整合，完善开头、结尾，就形成了一篇以"难忘的一件事"为主题的习作。

（三）所写即所见，动画视频转文字

　　由于听觉受损，听障学生的视觉非常敏锐，他们认识周围事物以视觉感知为主。比起教师的讲述，听障学生明显对动画视频更感兴趣。针对听障学生的这一特点，教师在做教学设计时，要有意识地考虑运用相关动画视频素材。在记叙文写作教学中，教师可以先播放与写作主题相关的视频动画，强调学生要观察细节，并提出一系列有针对性的问题，引导学生将视觉感知的内容转化为文字表达。

　　比如，在指导学生写作以"春游"为主题的习作时，播放一段学生春游的视频。在第一次播放之前，提出"什么时候去春游、怎么去的、有多少人去了、去了哪里"等与写作六要素相关的问题。等学生回答出这几个基本问题之后，在第二次播放视频之前，再提出"在春游过程中，你觉得最有趣的事情是什么、小伙伴们都说了些什么话"等更具体的问题。学生对整体故事有了进一步了解，在第三次播放视频之前，最后提出一些很细节的问题，比如"他的书包是什么颜色、教师带了什么野炊工具"等，在故事整体轮廓逐渐清晰的过程中，进一步丰富故事的细节，使得故事中的人物形象和事件过程更加生动具体。

（四）大量仿写，以形成范式意识

　　语言的学习都是从模仿开始的。口语的学习从牙牙学语开始，书面语的学习从仿写开始。仿写是提高写作能力的第一步。从仿写词语，到仿写句子，再到仿写段落，最后仿写一篇文章，都是提高学生写作能力的重要过程。

仿写词语同时也是在积累词汇，比如，学生通过"红彤彤"这个ABB式词语仿写出"绿油油、金灿灿"等词语，并对这些词语进行加强记忆，从而作为写作文的素材。又比如，教师先出示"清澈的小溪、汹涌的大海"等短语，让学生总结短语结构，"形容词+与水相关的意象"，引导学生说出类似的短语，如"宁静的湖泊、奔腾的江河"等。根据学生实际语言水平对他们提出相应的要求，从简单到复杂，一步步引导。

仿写句子是最重要的部分，因为句子是语言基本的运用单位，只有掌握了句子的表达方式，才能不断地发展语言。听障学生在写句子的时候，常常受手语表达习惯的干扰，而无法用正确的语序表达出准确的意思。例如，在说"香蕉掉在地上了"时，听障学生习惯用三个手势——"地上，掉，香蕉"来表达。这种表达习惯的后果就是在书面表达时出现意思不准确、词语前后颠倒、词语搭配不当、句子顺序混乱等语法错误。由此可见，教师要将仿写句子的重点放在句子的语法上，先明确句式中的各个成分，学生懂得运用句式来表达，再去追求文采。

句子和句子之间需要形成链接的逻辑，才能有机组合成一个段落。听障学生的逻辑思考能力较欠缺，无法自然而然地形成一环扣一环的逻辑思维，需要教师的不断引导和强化。教师可以为学生提供一个最基本的段落范式，让学生先形成句子，再将句子套入范式中对应的位置。比如，在描写"我"和同学之间的对话时，先简单描写周围环境，再交代人物此刻的状态，最后通过对话来体现人物形象。通过反复的练习和强化，学生形成较为固定的范式意识，在写作相关段落时，能在脑海里将相关的范式调取出来，并加以运用。

最后是仿篇。仿篇锻炼的是学生的结构思考能力。一篇习作包括各个部分、各部分之间的关联和编排，最后组合成一个整体，考验听障学生的结构思维。教师可以将不同类型的习作进行归纳，将同一类型的习作归纳为一个范式，在指导学生写作时，将范式提供给学生，为学生搭建支架。文章支架可以在一定程度上缓解学生对写一整篇作文的畏难情绪，从而增强他们的写作自信心。学生在范式的引导下，自己连词成句，连句成段，连段成篇，最后形成一篇完整的习作。

四、结语

基于以上分析思考，听障学生学习记叙文写作不应局限于教科书，也不应局限于作文课，而是要深入生活，注重日常积累。虽然听障学生的书面表达能力在短时间内无法有明显提升，但只要教师不断总结经验，积极探索，运用正确合适的方法和策略，就能够帮助听障学生提高书面语言的发展水平，最终达到能与健听人士书面文字沟通无阻的状态。

参考文献：

[1] 马美琪. 浅谈在特殊教育教学中听障学生作文教学 [J]. 读与写，2019，16（23）：236.

[2] 吴铃. 聋人书面语学习困难的研究 [J]. 中国特殊教育，2007（5）：33-37.

[3] 王红，王斌. 聋生写作现状分析及教学策略 [J]. 绥化学院学报，2011，31（5）：25-27.

[4] 徐兴和. 如何提高听障高中生的习作自信心 [J]. 甘肃教育，2020（1）：117.

[5] 李静. 提高听障学生写作能力例谈 [J]. 学周刊，2015（1）：168-169.

[6] 赖金梅. 仿写，提高写作能力的第一步 [J]. 学周刊，2017（16）：183-184.

[7] 崔亚冲，傅爱兰. 特殊学校听障学生写作流程教学探析 [J]. 北京联合大学学报，2019（2）：80-86.

用计算机课堂打开听障孩子新世界

汕头市聋哑学校　　詹咸垚

在信息技术高速发展的今天,计算机的应用已经在社会的各行各业得到普及,不懂得计算机操作就是新时代的文盲。在听障学生群体里,我们更多关注的是如何提升他们的语言文字能力,却往往忽略了信息技术学习的重要性。随着在线学习、信息化教学手段、线上作业如雨后春笋般出现,计算机课程怎样让听障学生重视信息技术的学习,培养学生的创新意识和创造能力成了我思考的主要问题。

一、计算机课堂上存在的问题

第一,听障学生的计算机水平参差不齐,学习自觉性不高,通过在平时的教学中不断观察,我发现他们对计算机课程的学习态度差别很大。因为生活条件及环境因素的不同,所以,有的学生对计算机的操作比较熟悉,有的学生则几乎不怎么接触计算机,对计算机的操作更是一窍不通,更有的学生认为计算机课就是来玩游戏的,对学习计算机知识不屑一顾。

第二,大部分听障学生的文化基础比较差,在计算机课程的教学中,涉及基本概念和理论性的教学内容很难通过文字让他们完全理解,往往让我感到棘手,学生也常常感到抽象、枯燥。基础知识没掌握好,就会导致后面的实际操作出现偏差,教师和学生都失去耐心。

二、运用教学策略

为了能让学生打开信息技术的大门，领略新世界的精彩，我采取了一些方法：

（一）用轻松浅显的语言讲解理论知识

如果计算机教学不进行精心设计，随意讲解，就无法激发起听障学生学习计算机学科知识的兴趣。而如果教学中将内容讲解得通俗易懂、轻松有趣，则不仅能够激发起学生的学习热情，还会使计算机基础课程变得充满诱惑力。

例如，在讲解软磁盘的使用时，学生不容易理解这个知识点。这时，我拿着一张3寸软盘，将写保护划片打开，让盘片上的两个孔对在两只眼睛的位置上，告诉学生，3寸盘上有两只眼睛，当两只眼睛都瞪着时，是处于高度警惕的戒备状态，别人是侵犯不了的（写保护了）。当睁一只眼闭一只眼时（把划片封上），是放松警惕的状态，就没有进行写保护。听到这一比喻时，学生都欢笑不已，表示理解，教学难点就在有趣的气氛中解决了。

（二）在游戏中熟悉技能

大部分学生喜欢玩游戏，于是我就把游戏作为切入点，在设计课堂任务时插入一些游戏的例子，也能充分调动起学生的兴趣。计算机游戏的操作也能成为学生们对键盘和鼠标的"练兵场"。例如，在金山打字通这个软件的击键游戏中，也只有在学生熟练掌握键盘中的各个键时，才能得到高分。特别是当中的"生死时速"，可以单人玩，也可以多人同时玩，可以扮演警察或小偷，在机房的多台计算机联网中，特别适合多个学生同时玩。学生们在游戏过程中对游戏的使用技巧会自行琢磨，不用教师多说，他们也会根据计算机提示和自己的试验熟练掌握。因此，我认为玩游戏是学生学习计算机的入门钥匙，关键是要有选择地玩。

（三）现学现用，激励学生不断尝试

作为一种工具，聋校的计算机学习不太强调系统性，在学习同一个模块的内容时，可以边学边用。例如，我在上Windows画图的第一节课时，拿了一个学生的照片作为背景，当学生看到熟悉的同学相片被放在大屏幕上时，情绪立刻被调动起来了。接下来，我就让学生把他们用这个画图软件画的第一

幅作品做成Windows桌面的墙纸，当学生看到桌面上摆的是他自己的作品时，心中自然兴奋不已。几次课后，又让学生尝试在画图中制作自己的名片，并且把做得好的作品放在大屏幕上展示。这样既促进了学生的学习积极性，又进一步激发学生继续学习计算机的兴趣，从而形成一个良性循环，让学生的学习心态不断高昂。

（四）根据每个学生的特点进行不同的指导

每个学生自身的水平和特点都是不一样的，那么构建信息技术趣味课堂的方法也应该是不同的，要做到因材施教。例如，在教学Flash动画时，教师不能针对某一类学生提出同样的问题，因为学生与学生之间的层次是不同的，有的学生对知识掌握得好一些，有的学生则掌握得差一些。那么我会尽量提出多样化的问题，让不同层次的学生都可以回答。在学生上机操作的时候，我也会经常在学生之间巡视，及时解决他们的问题，为其提供帮助或指导，增加师生之间良好的互动。

三、新的世界，新的成长

计算机课堂就是在培养学生的实践能力和创新精神。在教学中通过不断摸索，对症下药，不少学生渐渐对计算机课有了期待，还会主动来问问题，或者表示想学习新的技术知识。我想他们的新世界已经打开了一条通道，但还需要让听障学生自始至终带着兴趣学到真本领，并且在学习的过程中解决自身心理上存在的问题。我会因势利导，将他们的思想活力转化为行动能力，培养学生不怕困难、创新意识。

科学运用智能手机　助力听障学生阳光成长

汕头市聋哑学校　周跃辉

中国互联网络信息中心发布的第47次《中国互联网络发展状况统计报告》显示，截至2020年12月，我国手机网民规模达9.86亿人，网民通过手机接入互联网的比例高达99.7%。这表明随着互联网的飞速发展，中国智能手机用户不断增加，手机在人们日常生活中也占据着越来越重要的地位，听障学生作为社会参与者也经常使用智能手机。

以汕头市聋哑学校为例，据统计，13岁以上学生拥有智能手机的比例达95%，主要在课余和周末时段使用。运用智能手机与教师、同学、亲朋沟通，与世界发生联系已成为聋生学习、生活的常态。早在2005年，《现代特殊教育》期刊中便有关于运用计算机网络技术帮助聋生提高交往能力、实现良性影响的讨论。而在手机互联网与日常生活越加密不可分这一新的时代背景下，如何利用好新型智能手机促进听障学生的心理健康发展成为一个重要议题。

听障学生有听力缺陷，语言能力发展水平相对滞后，理解和表达能力较弱，难以与人顺畅、深入交流，尤其在当面交流时，常常出现对他人观点和要求等不能准确理解的情况，容易对别人产生误会和猜疑；再加上他们难以用语言准确表达自己的想法和需求，加剧了他们与周围人的对立情绪。部分学生由于长期未能受到重视甚至受到一些社会成员的偏见和歧视，导致形成自我存在价值极低的错误认知。在面对健全人士时，内心的这种自卑感更加迫使他们远离人群，认为自己不如常人而独处一边。当听障学生年龄较小，自我意识水平还不高时，生理缺陷造成的不利影响还不太会妨碍到他们的正常生活,但随着年龄的增长,在与外界越来越多的接触互动中,社会性的发展让部分人越发觉得自己属于其他人眼中的"异类"。长期处于这种心境下,听障学生与他人交往的信心也一天天地减弱,最终形成了压抑、孤独、自卑的心理特点。

利用智能手机获取网络信息的时效性、互动性、虚拟性可有效降低听障学生与外界的交流障碍,帮助他们更好地认知世界,与外界发生联系、进行交流,并有效帮助他们纠正自身原有的孤独、自卑、压抑等消极心理倾向,改善个性发展,促进能力提升,为听障学生心理健康保驾护航。

笔者将从以下三点进行具体论述。

一、智能手机的内容时效性可以扩大听障学生的知识面,有助于其克服自卑个性

手机、平板电脑等移动媒介能为听障学生提供海量新鲜的资讯来源,如及时接收学校班级公告信息,跟踪社会热点事件动向,认识感知他处新潮事物等。当听障学生具有较强的信息检索能力及优质相关推荐资源时,他们即可便捷地知晓在日常生活中难得一见的各类信息。这为听障学生提供了广泛的信息渠道平台,大大拓展了他们的知识广度和深度。知识面的丰富有助于听障学生形成全面认识事物的观点,提高思考能力,培养开朗健谈的个性品质,克服自卑个性。

二、智能手机的行为互动性可以增强听障学生的自主性,有助于其克服孤独个性

智能手机中的相关信息推荐不仅为听障学生提供了广泛的知识资源库,还降低求知门槛,激发自主性,主动深入探索未知世界。智能手机中存在大量仅通过文字和图像便可完整呈现的信息,减少了听障学生获取信息的障碍,跨越了听障学生的身体缺陷造成的"数字鸿沟",从而提高他们通过互动摄取信息的积极性。另外,大屏智能手机主要传播文字图像信息的特点,使得听障学生在这一虚拟世界中相比现实世界拥有更大的施展表达能力的空间,有助于激发其表达欲,促进自主交流情境的发生,克服孤独心理。

三、智能手机的空间虚拟性可以缩小学生与外界交往的距离，有助于其克服压抑个性

听障学生的交友和交流观念中普遍存在较强的群体性，即他们更倾向于与自身身体状况相似的人交流。智能手机传播技术中的虚拟性特征可以克服手语与口语造成的交往上的不便，从而以书面语言的形式更快、更直接地与他人交往，缩小了听障学生在人际交往中的心理距离。在虚拟世界的交流中，听障学生的身体缺陷得以被隐藏，他们与普通学生可以同样借由文字和图像表达心情、产生联系、体验生活。在各类社交平台上，如微博、QQ、微信等，听障学生可以与他人顺畅进行"无声"的交流互动，通过点赞、评论等方式表达自己对某人或某事件的关心和态度，自由表达自己的内心状态，让世界"听"到自己坦露的心声。这种虚拟情境使听障学生感到获得了与健全人一样的使用体验，形成了某种意义上的完全平等。听障学生的自我意识受到环境的正面肯定，有助于他们克服自卑心理，提高自信心。

若听障学生智能手机使用不当，反而会对其生理、心理健康造成负面影响，不利于个性发展。比如有些学生过度沉溺手机，甚至深夜仍躲在被窝里玩手机，导致出现头痛、头昏、失眠、记忆力减退等症状，或是因不注意用眼卫生而造成近视，对身体健康造成难以挽回的危害，得不偿失。不仅如此，广袤的网络世界中信息泥沙俱下，当遭遇不良信息如暴力、恐怖、色情等信息时，对它们缺乏基本的辨别力、判断力和自制力的听障学生极易受到侵害，对个性健康发展造成严重不良影响。教师应通过开设相应的课程，提高听障学生的信息利用能力，帮助学生分辨虚假信息，抵制不良信息，预防网络诈骗，并通过严格制度管理，控制在校学生使用智能手机时段和内容，协助听障学生养成良好的智能手机使用习惯。

在日常学校生活中，教师应关注听障学生智能手机的使用情况，提高其使用手机的技能，对可能存在的问题倾向保持敏感态度，及时觉察并介入处理，积极引导学生合理科学地使用智能手机，扬其所长，避其所短，让智能手机在听障学生的成长历程中发挥独特作用，培养良好的个性品质，纠正不良心理倾向，助力听障学生阳光、健康、自由成长。

2

第二章

育人师说·微光造梦

向阳而生

——智力障碍学生课堂行为问题干预个案

汕头市特殊教育学校　刘晓燕

智力障碍儿童在认知能力、语言能力和情绪调控能力等方面的发展相对滞后，由于持续的不良沟通、不和谐的同伴关系及社会支持不足，所以其经常做出不恰当的行为，对课堂学习活动造成不良影响。

一、个案基本情况

小琪（化名），9岁，一个经常躲在角落里的女孩，目前就读于特殊教育学校二年级。经授课教师反映：小琪对他人的非语言理解较好，能理解简单句，口语表达清晰，但沟通功能较差，伴有欺负同学的行为，比如用铅笔戳同学手臂，拽同学的辫子，掀起女生的裙子。上课期间，她时常蹲到桌子底下，或者突然跑出教室躲到厕所里；下课时，她缺乏交往热情，不与同学娱乐游戏，一个人一直写字。

小琪的家长关心孩子的成长，但比较注重文化课，经常表扬孩子字写得好，对于孩子日常生活中的行为习惯关注不够甚至无可奈何。据小琪妈妈反映：放学后，有时小琪不肯回家，会长时间双手抱膝蹲在教室里，往往要劝说很长时间才愿意回去。

二、行为问题分析

（一）行为问题定义

在界定个案者的行为是否是一个行为问题时，首先应处理对自身或者他人是否造成伤害的行为；其次是影响到课堂秩序、干扰到学习活动的行为，以及行为存在的时间长短和频率。经过初步判断，小琪的行为问题有：戳手臂、拽辫子等伤害同学的行为，以及蹲桌子底、躲厕所等不符合课堂情景的行为。

（二）行为观察记录

通过观察对小琪的行为问题出现的次数进行记录，观察她的课堂行为与组织教学对其影响。目标行为1：骚扰同学（戳手臂、拽辫子等），记录为"√"；目标行为2：不配合（藏到桌子底下、待在厕所里等），记录为"○"；没有则记录为"—"。行为记录（见表1）从行为开始到中断或者停止记一次，记录时间从3月16日到3月20日，共记录行为18次。取样记录以5分钟为时距长度，出现目标行为即记录。

表1 行为记录表

观察日期 ＼ 观察时间（课时）	1	2	3	4	5	6	计分
3月16日	○	—	√○	—	√	—	50%
3月17日	—	√	—	—	○	○	50%
3月18日	—	√	√○	—	—	—	33%
3月19日	—	—	—	—	√	√	33%
3月20日	○	○	—	√	—	○	60%

表2 取样记录表（目标行为2）

观察日期	观察时间	1	2	3	4	5	6	7	8	计分
3月17日	14：40—15：20	—	—	—	—	—	○	○	○	38%
3月17日	15：40—16：20	○	○	—	—	—	—	—	—	25%

（三）行为问题的原因分析

依据收集到的关于小琪的资料，由熟悉的教师填写三份量表，确定行为问题的动机和功能。

（1）我使用行为动机量表评量小琪的行为动机，每一项行为的问题以0～6分计，分值越高，则表示该动机可能性越高。从量表统计结果中可以看出，小琪的行为问题动机可能性是源于自我刺激和得不到满足。

表3　动机量表

动机	自我刺激	逃避行为	引人关注	得不到满足
总分	61	32	22	49
平均分	5.0	2.7	1.9	4.1

（2）我使用行为功能分析表找出小琪做出不适当行为的可能变数，共18题，题目回答"是"的计分，最后分值越高，则表示该功能可能性越高。得出结论：小琪出现不当行为的主要目的是寻求注意，其次是自我刺激和逃避某事。

表4　功能分析表

功能	寻求注意	逃避某事	自我刺激	痛觉减除
总分	13	8	8	2
平均分	4.3	2.6	2.6	0.7

（3）结合观察记录、行为动机和行为功能发现，其打人只在课堂上，是无聊引发的自我刺激；而逃避则在更多场景中出现，为引人注意或者逃避行为。小琪有跟授课教师交流互动的欲望，但如果被忽视或者得不到响应，就容易产生行为问题。而在室外教学或者实操活动中，小琪出现行为问题的频率明显较高，比如在运动课上，她蹲下身体不参与做操，在作业治疗课上，她拒绝离开作业教室的行为发生概率是100%，一个逃避运动，一个想要玩玩具。她在逃避某事时会保持长时间的抗拒行为，在教师不理睬的情况下她可以从上一节课一直延续到下一节课。

（四）干预目标

短期目标（一学期）：伤害他人、无故离座的问题行为发生的频率减少至5次/周以下，无故离开座位的时长不超过5分钟，并学习使用手势表达需求。

中长期目标（一学年）：主动伤害他人、无故离开座位的问题行为不发生，学生会运用简单的口语主动表达需求。

三、干预策略的实施

（一）建立支持性教育教学环境

1. 合理安排班级位置，巧合坐，促模仿

座位是为每一个学生发展而服务的，教师要充分考虑学生的自控能力、认知水平、互助能力等个性特点，科学合理配置座位资源，给学生提供一定具体可感的情境，而同桌是学习模仿和行为渗透的最好对象。由于小琪学习注意力不够集中，且良好的行为习惯尚未养成，因此安排纪律性强、行为习惯好的学生成为小琪的同桌，让他们以良好的形象带动小琪。因小琪有用铅笔戳同学手臂的行为，故课前要求将文具用品全部收进书包，并将书包放在指定柜子里。而拍打同学的行为大都是发生在小琪需要离开座位去柜子拿东西的时候，故将小琪的座位安排在靠近柜子的方位，通过物理环境的调整，减少她需要绕过同学走过去的机会。在优化座位组合时，我采取定期与不定期调整相结合的原则，中途换座位以某一具体事件作为切入点，告诉小琪是按照他们的表现来安排座位的。

2. 创设合作情境，促进生生互动交流

构建协作学习的教学模式不仅能为课堂教学注入活力，激发学生的学习热情，促使学生由被动转变为主动，还可以发挥生生间相互交流、沟通的功能，在合作、竞争的过程中实现互补共进。教师在课堂活动中有意识地安排小组互动环节，通过"找搭档""接龙读文""你说我答"等合作任务和竞赛游戏，以学生自由组合为主，教师辅以协调。以两人一组为单位开展课堂趣味性的活动，让小琪在模仿、合作、交流中具有更强的学习参与感，感受学习的乐趣，体验合作的力量。比如通过社交情境故事的方式，学生模仿故事进行角色扮演，思考当"我想要回答问题时""我想和同学玩游戏时""教师没有注意到我时"可以怎么做。

3. 增强沟通途径，强化正向行为

在课堂学习中，教师要及时留意学生的具体表现，创造让学生得到正面强化的机会，以替代行为终结行为问题。针对小琪逃避挫败的表现，在她未发生跑出教室或者蹲到桌子底前，让她学会以恰当的方式表达自己的要求。在教学过程中我一直留意小琪的表现，发现她在感兴趣环节注意力比较集

中,并伴随着较多的眼神对视,我言语提醒她"要举手"。如果小琪没有反应,我会直接点名小琪,在获得肯定的答案后,要求举手动作示意,再让她参与练习任务。我经常告诉学生:"你不举手,老师不知道你会不会;你不说话,别人是不知道你想什么的。"找同学一起游戏时,我会要求学生走到喜欢的同学面前,伸手做邀请式或者言语告诉对方"××,一起玩吧!"

4. 定好规则,为错误买单

在学习活动开始前,教师与学生定好课堂规则,如果学生出现标的行为,便要付出代价。操作步骤为"确定实实在在的强化物—制定撤销强化物的契约—执行撤销强化物的契约",通过反应代价来减少不当行为出现的概率。比如,小琪通过蹲在桌子底来获取关注这一行为问题出现后,因为课前已经讲好课堂规则,我继续上课,并引导其他同学不予理睬。等到游戏活动环节时再次提醒学生"老师要找在位置上坐好的同学来参加游戏",小琪开始被浓厚的游戏氛围吸引,她探头探脑,我故意说道:"还有谁没有参加游戏?"其他同学就会提到小琪。我接着说道:"可是她没有坐在座位上,我看不到她。"等到小琪主动回到座位上时,我告诉她:"刚才大家做游戏时,你没有坐在座位上,没法儿一起参加,太可惜了。"

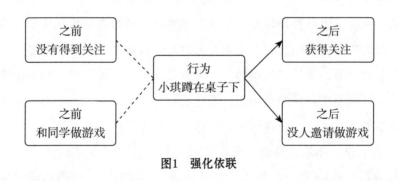

图1　强化依联

5. 善用表扬,多样化奖励

师生互动也是强化行为的一种方式,通过营造赏识教育氛围,发掘并表扬学生做得对的地方,正面强化学生行为。首先,教师及时对学生的正确行为予以肯定的反馈,也以赏识的态度纠正错误的行为。小琪在课堂上无故离开座位的时间缩短了,教师立刻给予口头表扬。而没有不当的行为也是一个好的行为,比如今天小琪没有跑出去,可以表扬她"有坐在教室里认真听讲"。其次，来自同伴的夸奖同样具有力量。学会欣赏赞美同伴也是增加学生同伴交往之道，从而提高学生的角色意识。因此，我让学生当"小教师"判断对错，让学生鼓掌或者"你真棒"表扬完成正确的同学。最后，奖励要多样化，无论是口头即时表扬，还是代币换取奖励机制，都是提供一个愉快的感受。小琪喜欢听歌转圈圈和玩滑滑梯，于是我将她这一喜好作为强化物，只要她出现"老师没有要求，能坐在座位上听课"这一行为时，就予以奖励，促使新行为在未来出现得更加频繁。

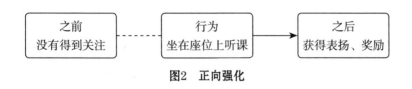

图2 正向强化

（二）家校共育促成长

1. 坚定执行，保持正向的教育

想要顺利纠正学生的问题行为，就不要去强化这个问题行为，因为强化会使得一个行为和动作出现的频率更高。在纠正孩子问题行为的过程中，如果父母不能坚定地执行任务，在面对孩子哭闹、耍赖时，容易心软妥协，这反而导致孩子出现更严重的或者新的问题行为。这个过程就需要教师的支持，加上家长沉住气、花心思，结合孩子的实际情况找到合适的方法。

2. 抓大放小，目标清晰

学生的家庭干预离不开家庭的每一个成员。如果教师和家长、家人和家人之间没有达成统一意见，缺乏清晰的教育规划，也会影响到学生的干预进程。智力障碍学生或多或少都会有与众不同的行为，但并非每一个行为都需要干预或者立马解决。我们需要考量的是，这个行为是否影响到了学生的学习和生活，什么能力是学生急需的，学生现有的能力水平适合什么目标，等等。某段时间小琪突然在课堂上做出拍打脸、手指描嘴唇的动作。究其原因是她看到妈妈在化妆，心里好奇，又被禁止碰触化妆品。偶尔的课堂行为不需要多加关注，只要将小琪的注意力引导到课堂参与中即可，过分关注反而可能会强化她的问题行为。但家长处理问题的方式却值得深究，没有使用正确的干预技巧，禁止、威胁不仅不能有效疏导好奇、想要碰触化妆品的行为，反而会出现新的意料之外的问题行为。因此，当学生出现不恰当的行为时，追源溯故是要教给家长必要的行为预防方法，或许威胁或者惩罚是短时间内最快速的解决方法，但正向的引导和及时的强化才能让学生学会什么才是合适的行为。

四、干预效果

在基线期内，小琪会蹲在地上、躲在桌子底下、躲在厕所许久不出来，经过一学期的教育干预，此类行为问题明显减少，持续时间变短，同时小琪"举手等待"的行为逐渐增加。在消退中出现了新的行为问题，如敲桌子、趴在桌子上、瘫坐在椅子上等影响级别较低的行为。但通过教师的引导和提醒后，行为频率呈下降趋势。现在小琪的课堂参与度明显提升，不仅主动举手发言，积极参与课堂活动，表情也变得丰富起来。但小琪在课堂等待时间较短，当准备好回答问题，却没有被提问到，这时会有沮丧的表现，比如双臂交叠，头贴在双臂上。这需要我们进一步提高小琪的耐心，引导她学会欣赏、学习其他同学。

五、干预反思

（一）爱与惩戒，温柔而坚定

智力障碍学生因为不善沟通、认知能力偏低，在遭遇挫折、自我愿望遭受限制后会导致情绪失调，从而引发多种行为问题。我们在爱的基础上同样需要以适当的惩戒方式来规范他们的行为，为他们融入社会做准备。但是惩戒不是体罚和施暴，教育惩戒是以爱为底色、以学生的健康成长为目的，在尊重学生的基础上进行的。教师要有教育自信，坚持原则，彻底执行。对于在师生共同制定的规则之下出现的行为问题，我们在照顾学生情绪、保护学生心理的同时，要有力地坚守规则的底线。

（二）共同合作，因材施教

学生行为问题的产生并非一日而成，有效干预也不可能一蹴而就。在判断学生的行为动机和功能时，不能单凭一个人的感觉去预判，而是需要我们准确地记录学生在学校和生活中的表现。于是联动科任教师和家长的力量显得十分重要。依据每个学生的特点、行为和生活环境，选择恰当的矫正对策，从而实现干预的最优解。

　　对于智力障碍学生的行为训练，仅仅一两堂课或仅依靠学校是远远不够的，而是需要有足够的时间和在生活情境中反复练习。比如当学生出现行为消退爆发现象时，及时加强与其他教师和家长的沟通。行为消退的过程是呈抛物线的形式，随着时间的推移，当错误行为无法得到满足时，那么这个错误行为会逐渐被其他行为替代或者消失。在行为干预过程中，当不良行为加剧发生，恰恰说明干预策略的方向是正确的。确定不是某些特殊外因导致突然的行为消退爆发，我们需要做的是坚持原则，彻底执行已经确定的计划。

提升读写困难儿童学习质量的个案分析

——以一例读写障碍儿童为例

汕头市特殊教育学校　李佩琳　吴婷婷

一、个案主要表现

小明（化名），男，9岁，三年级，疑似患有读写障碍。根据与其相处观察和家长描述，小明的大部分行为与读写障碍患者相似，具体表现如下。

（1）阅读吃力。小明在阅读时常有跳字跳行的情况，经常有将相似字形（如"毛"与"手"等）混淆的情况出现，阅读缓慢且读完不理解，抵触阅读过程。

（2）书写困难。抄写速度慢，需要看一笔写一笔，时有抄漏抄错的情况出现，并且字体大小不一，笔画顺序不对，对比较复杂的文字不愿意抄写。

（3）机能障碍。执笔姿势不对，握笔很用力，前庭发育较差，稍微提重物就会失去平衡，手眼协调能力不足，就连简单的拍皮球游戏玩起来都比较吃力。

（4）专注力差。注意力容易分散，每个任务进行不到几分钟就以喝水等各种借口暂停。在完成任务的过程中，时常东张西望、玩笔或者发呆；一有动静，便立马转移注意力。

（5）人际交往不良。自信心不足，不愿意与同伴交往，人际处理能力较差，总觉得别人看不起自己。

二、系统评估与诊断

通过观察小明的日常行为表现，并结合其家长描述，发现其确实存在读写困难。于是研究者将小明送至当地的精神卫生中心，为小明做更为专业、系统的评估，评估结果如下。

（一）智力测验

读写障碍是由于大脑某部分发展异常，文字处理的功能受到影响，并不是因为智力低下或缺乏智慧。根据瑞文标准推理测验，小明的测验结果是三级（50分），测试结果表明其智力水平中等，在同龄组人群中，约有50%的人处于这一智力水平。

（二）读写能力测试

读写能力测试评估的测试对象为3～6年级学生，由语音意识、构词法意识、快速命名、正字法意识和阅读五个方面构成，通过测试结果与观察，小明在正字法意识即非字辨认和部件位用时较长，准确率较低，并且在阅读方面一分钟读字不足100字，准确率只有50%，容易跳字跳行。

（三）注意力测试

根据注意缺陷多动障碍筛查量表（SNAP-IV）测试结果可知，小明注意力分散的得分是13分，属于ADHD注意分散型。另外，根据视听整合连续测试系统测试报告可知，小明的听觉注意力占优势，但视觉注意力得分较低。小明可能由于自身的视觉广度、稳定度和持久度不足，所以视觉处理信息速度较慢，且准确度较低。

（四）自我意识检测

根据Piers-Harris儿童自我意识量表测验结果可知，小明的总分是38分，总体上自我意识水平偏低，自信心相对不足，常常表现为行为退缩，不敢与人交往，不主动参与社会活动，原本可以完成的任务容易半途而废。从长远来看，长期处于这种状态下，其自我价值观不能得到满足，其人格的发展也会因此受到干扰。从维度上看，其智力与学校情况得分偏低，提示有学习方面的困难；其焦虑得分偏低，提示有情绪方面的问题；其幸福与满足得分也偏低，提示其自信心不足，自我效能感较低。

（五）其他

此外，请小明父母填写Achenbach儿童行为量表与家庭环境量表（FES）。Achenbach儿童行为量表测试结果显示，小明在交往不良、社交退缩与多动因子上得分较高。而家庭环境量表测试结果显示，其情感表达和成功性相对较低。

通过各项专业测试评估结果显示及医生诊断，小明被初步诊断为读写障碍，需定期咨询，并进行读写康复干预训练。

三、康复干预的实施

根据上述测试结果与观察，结合日常情况，采用一系列康复训练方法对小明进行短期干预，并与其做好约定，由其母亲配合后续干预实施，定期反馈，根据具体情况不断调整目标。

（一）改变错误认知，构建积极心理

第一次与小明见面，他表现得比较内向，在与其聊天过程中明显感受到他缺乏自信，对学习任务还没有接触就已经开始放弃。在咨询过程中，资源教师不断寻找突破口对其进行鼓励，使其感受到被尊重和被理解，逐渐增强自信心，明白每个人都有自己的优缺点，即便在读写上存在困难，也是可以通过努力来改善的，且在生活中并不会与别人有太大区别。

（二）巧用趣味训练，提高专注能力

由于小明注意力不稳定，在读写方面存在困难，因此要对其进行必要的注意力训练。在每次干预前，资源教师都会运用注意力游戏进行热身，当其建立关系，动静结合从专注训练逐步向干扰训练过渡，如采用"感觉统合训练""舒尔特方格""图案卡牌""动作拦截""汉字或数字化消""迷宫""对旗语""大小西瓜"等注意力训练方法干预。例如，资源教师常采用"大陀螺""圆形转盘""平衡台""踩踏平衡板""坐压大龙球""万象组"等感觉统合训练帮助小明重新调整及感应，重建新的平衡能力，从而提高专注能力。另外，在对小明进行注意力训练时，需让其意识到只有集中注意力，才能提高准确率，例如，在"大小西瓜"活动中，一开始，小明总是为了赶紧比画而忽略口令，无法反映大西瓜与小动作的对应，教师引导后，他才认识到要注意听才能提高正确率。随着训练的加强，其注意力有所

改善，抗干扰能力也有所加强。

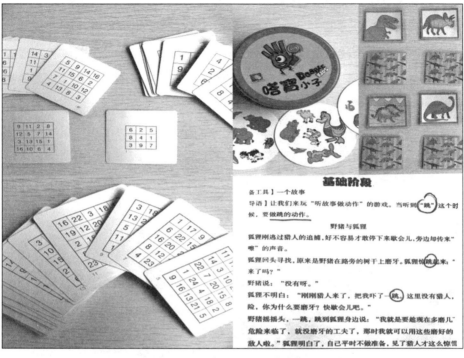

图1　注意力训练：舒尔特方格（左）、图案卡牌（右上）、动作拦截（右下）

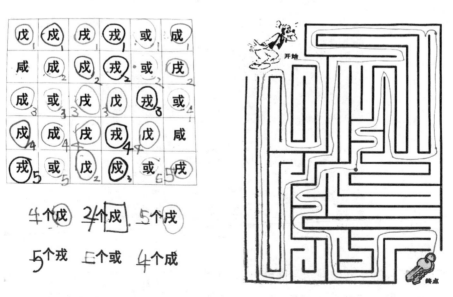

图2　注意力训练：汉字化消（左）、迷宫（右）

（三）特殊教学干预，改善读写能力

1. 多感官学习法刺激感官通道

多感官学习法主要是指通过各种方式，对学生的听觉、视觉、运动、语言、感觉等各个感官的刺激，从而全方位地开发其潜能，通过"橡皮泥捏字""空心字涂色""红绿盒"等感官刺激的方法进行教学。在"橡皮泥捏字"的时候，五颜六色的橡皮泥使小明兴趣倍增，他逐渐学会将字体的每部分给予不同颜色，既加强了对字形结构的敏感度，又锻炼了手部精细动作，进而在"空心字涂色"的时候更加得心应手。通过"红绿盒"将所学词语进行分类，将能掌握的词语放入绿盒子里，未能掌握的词语放入红盒子，经过反复训练，小明对字词掌握率不断提升。

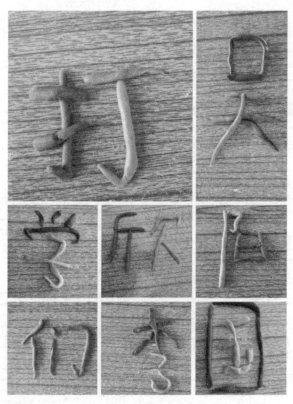

图3　橡皮泥捏字

2. 部件拆字法增强学习兴趣

部件拆字即把一个汉字当作一个整体，这个整体由若干部件组成。从独体字向全体字过渡，先拆后拼。一开始，小明无法感受字形音义，在拆

字的过程错误率极高，经过一段时间的训练，其已能做到得心应手，清楚每个字的结构。

3. 集中识字法提高识字效率

集中识字即把生字按字音或字形归类集中，使学生在较短时间内掌握较多汉字，包括"基本字带字""部首识字法""形声字归类""同音字归类"等。由浅入深，从简单到复杂，逐步引导其总结识字规律，并以游戏的方式减少枯燥感，如"包"字作为声旁可以组成哪些字，引导小明回忆学过的汉字，组成"泡、抱、饱"等字，再以计时比赛的方式让其翻阅字典，寻找更多符合的汉字，通过归类强化加深印象，提高识字效率。

利用"分、青、方、马"，你能带出哪些字？

分	青	方	马
份	请	芳	妈
粉	情	防	吗
芬	菁	放	码
氛	清	房	骂

利用部首"门、衣、广、戈"，你能写出哪几个字？

门	衣	广	戈
闷	袋	康	戊
问	被	唐	成
闪	衬	底	戒
闻	表	床	或

图4 基本字带字（左）、部首识字法（右）

利用音调"包"，你能写出几个字？

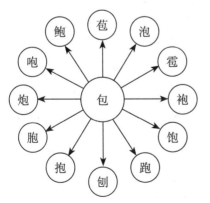

利用音调"zuò"，你能写出几个字？

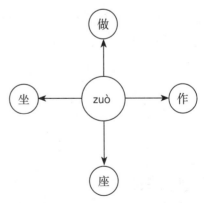

图5 形声字归类（左）、同音字归类（右）

4. 思维导图法加强逻辑意识

思维导图是有效的思维模式，应用于记忆、学习、思考等的思维"地图", 利于人脑扩散思维的展开。对于读写障碍儿童来说, 文字尤其复杂, 利用思维导图可以帮助其建立视觉提示, 归纳与词语有关的概念或其他词语, 帮助记忆与词语运用。如出现目标词"有趣的", 让小明建立思维导图, 把与其有关的词语(电影、卡通等)联系起来, 形成地图模式, 实现其对短语的掌握。

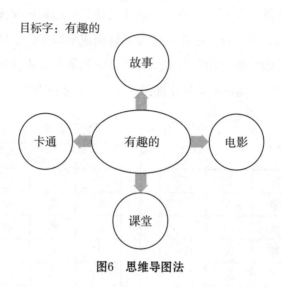

图6　思维导图法

5. 读默写计划, 强化学习效果

根据艾宾浩斯遗忘曲线, 遗忘在学习之后立即开始, 而且遗忘的进程并不是均匀的。利用艾宾浩斯记忆法为小明制订读默写计划, 每日进行短暂的练习, 时间控制在15～20分钟, 避免因疲劳而产生厌恶感。按照小明的能力, 每周学习5～10个词语, 由浅到深, 先学少笔画或常用字词, 制定明确的成功标准, 如能连续3天正确读出、默写及抄写某个词语。在实施的时候, 资源教师应时刻留意观察及分析小明的错误, 然后做针对性辅导, 利用多感官法和游戏活动施教, 避免机械式的重复抄写。

四、干预效果

经过半年多的干预, 小明在读写能力与专注力上都有明显进步, 能够独立完成作业, 对学习任务不再逃避, 能够勇敢面对挫折, 并且在书写上逐渐规范, 速度与准确率有所提高, 在读写时专注时间比之前更长, 并且有一定的自信心，自我效能感增强，但对于有点难度的任务还是有点逃避，需继续调整并制订新的干预计划。

五、教育反思

（一）读写困难难以治愈，但通过多方支持与康复训练可以改善

教育是潜移默化的，需要长期积累，更由于读写障碍本身的独特性，离不开教师的康复训练，但不能只依赖学校的教学与训练，只有学校、家庭与其自身三者配合起来，才能使干预达到最佳效果，家长应给予其支持和鼓励，教师应因材施教，根据其实际情况寻找合适的教育教学方式，不断激发学生的潜能与学习兴趣，扬长避短，对其进行必要的引导，使学生掌握适合自己的学习方法，提高学习质量。

（二）趣味训练或教学更能有效帮助读写困难儿童提高学习质量

趣味训练或教学能有效激发读写困难儿童的学习兴趣，使其更加主动地参与到课堂中。除了资源教师对其进行注意力训练及读写康复训练，还需将趣味教学延展到其他课堂中，以帮助学生融合到各门学科的学习中，提高其学习质量。

令家长头疼的叛逆期

——论教师如何成为亲子关系的"黏合剂"

一、案例介绍

19岁的小叶（化名）是上学期刚从普校转学到我们班的一名学生，她和班里其他听障学生比起来，听力言语能力要好很多，和健全人士的交流基本顺畅。小叶很快就和同学们打成一片，看起来也十分喜欢学校的氛围。

就在我认为一切正按部就班地进行的时候，却频频接到小叶妈妈的电话，在家长的描述中，我认识到一个和在校时截然不同的小叶：常常和同伴很晚才回家，不受家长管束，在言语上顶撞家长，有早恋倾向……一向在学校是"乖乖女"的小叶，在家里就跟变了一个人似的，家长总是拿她没办法，希望我这个班主任能够好好"约束"她。

一开始，我还没有特别在意，只对小叶旁敲侧击了几次，提醒她注意分寸。但是从这学期开始，小叶的行为却渐渐不受控制起来，她和妈妈的敌对越来越白热化，甚至发展到肢体冲突、翘课、离家出走、绝食威胁的严重地步，这时我才意识到，她们的亲子关系已经出现了很深的裂痕，严重影响到了孩子的生活和学习。

二、成因分析

（一）迟来的叛逆期

逆反心理是正处于青春期的大多数青少年所经历的一种心理历程。据小叶妈妈反映，小叶从小非常听她的话，但是这两年，她变得越来越叛逆，父母的话也不管用了，小叶妈妈十分不解，为什么小叶到了本该长大懂事的年纪，反而开始反抗父母了。

由于听障青少年听力损伤，语言发展迟缓，他们的心理年龄也会比健全人士要延后。随着年龄的增长，听障青少年大脑机能发育逐渐完善，理解能力得到进一步发展，他们开始有了自己的思维判断和分析，开始怀疑父母、教师的权威性，甚至想要进一步挑战这种权威。

因此，很多听障学生在11～16岁这个年龄段不一定会表现出特别强烈的反叛心理，反而是在青春期的后期甚至之后才显露其"迟来的叛逆"。他们的自我意识开始觉醒，逐渐掌握了逆向思维，然而他们的自我认知还不够清晰，这样就很容易产生自卑或自尊心过强、情绪稳定性差、偏激片面的心理。

（二）亲子关系的影响

据进一步了解，小叶的家庭关系也存在着一些问题。小叶的父母离过婚，为了孩子能拥有一个完整的家庭，便复婚了，之后还生了一个弟弟，但是夫妻关系并不和谐。小叶的妈妈一直把小叶带在自己身边，带她到各地做手术、进行康复训练，对她寄予了过高的期望。小叶的爸爸则长年在外地工作，对她的教育参与度不高。

在亲子关系中，爸爸和妈妈都没能给予小叶正确的教育态度。妈妈作为"付出型"的家长，出于对小叶的愧疚心理（不能给孩子一个健康的身体），从小对小叶充满溺爱，无条件满足孩子的要求。另外，小叶的妈妈又是"权威型"的家长，对孩子的控制欲较强，怀着一种"期待回报"的心理在培养孩子，期望小叶能够得到超越健全人士的成就。在小叶的一系列叛逆行为之后，小叶的妈妈开始觉得孩子和以前不一样了，不再听话了，于是和孩子的冲突就越来越激烈。爸爸则是抱着"歧视"的态度对待孩子，放任自流，常常拿小叶跟弟弟进行比较，导致小叶不喜欢爸爸，跟弟弟也不亲近。

家庭教育对听障青少年的影响很大。有研究表明，父母的教养方式与听力障碍学生的心理健康状况显著相关，父母的偏爱、拒绝、否认与听障学生的孤独倾向呈正相关，父母的过度干涉或严厉惩罚都与听障学生的敏感倾向呈正相关。小叶是在妈妈的溺爱加管束和爸爸的漠视下成长起来的，或许她

第二章　育人师说·微光造梦

对于这个家庭环境早已心存不满，只是直到现在才终于爆发出来。

（三）学校环境的转变

小叶转学之前在普校就读，尽管听说能力不错，但在普校的学习和交流还是会有点费力，造成同学关系比较淡漠，没有交心的朋友。到了我们学校之后，小叶如鱼得水，即便不会手语，也不妨碍她成为同学们眼中表达能力一流、知识面广、成熟睿智的人，一时间，小叶的自尊心得到了极大的满足，这也导致她内心渐渐"膨胀"，渴望证明自己的个性和魅力，得到所有人的认同。在这种环境反差之下，她的自我中心意识越来越强，想要做出一些出格的事情来博得更多的关注，也不再依赖或者期待家庭给她的情感反馈，因为她觉得在友情方面已经得到足够的弥补。

这个时候，家庭已经不再被她视为港湾，而是成了她拼命想要逃离的地方，朋友让她获得了情感支持和优越感。于是家长的掌控和反对就成了矛盾点，双方针尖对麦芒，互不相让。

三、应对策略

（一）当好一架天平

1. 以公正的态度调查情况

在找家长和学生了解情况的时候，我一直秉着兼听则明、公平公正的态度，结合双方的讲述来推断事情的本质。由于家长和学生处于矛盾状态，通常不能保持冷静的情绪，难免会添油加醋、夸大事实，教师切不能过早地对家长和孩子的行为下结论。

2. 以平等的态度与学生沟通

阿尔弗雷德·阿德勒的《儿童教育心理学》中指出，"任何一个青春期的孩子都无法逃避这样一个考验，即他觉得必须做点什么才能让人们不再把自己当作一个孩子"。解决这一问题的办法就是向他们说明这种证明是没有必要的，也不需要这种证明。

我找小叶谈了几次心，都是站在她的角度、以平等的姿态倾听她的讲述，了解她的心路历程。我不会以教育者和大人的身份自居，告诉她哪些行为是要受到批评的，而是用过来人的心态分析她这些行为产生的原因、可能造成的后果，并提出一些建议让她选择。对于有道德认知的学生来说，他们能够区分对错，只是想不想做而已，教师不要把自己当成道德的法官来审判他们，不能过于盛气凌人地批评和指教，而是可以谈经验、谈感受、谈共情，把自己和学生放在天平的两端，争取学生的信赖。

3. 以平衡的态度引导家长

我也多次找小叶的家长聊天。一开始，小叶的妈妈认为小叶转学后就变了，对学校的态度也不十分友好。对此，我营造了比较轻松的聊天氛围，表达了对她心态上的理解。站在家长的角度，自己看着长大的孩子突然把自己视为敌人，心里肯定难以接受。在安抚了家长的情绪后，我也解释了造成这个问题的原因：孩子已经长大了，有了强烈的自我意识，而家长却还把她当成没有想法的小孩，依然按照自己的意愿改造她，不同时代价值观的差异会使亲子关系变得越来越紧张，当务之急就是家长应该转变自己的观念。如果我们能给孩子以更多独立自主和表达自我的机会，而不是像童年那样严密监视限制的话，我们将会对她的发展产生更多有利的影响。

这也是一个不断平衡的过程。教师要知道学生家长并不需要为孩子的所有问题负责，他们通常只能按照传统方式来管教孩子，这就需要教师运用策略来处理。在与家长的谈话中，要不断给家长信心，鼓励家长反思，避免指责家长的做法，又要协商一致，让他们意识到问题的严重性，改变自己的教育方式。

（二）当好一瓶万能胶

1. 不当"坏话"传声筒

在亲子关系仍处于对立状态的时候，学生和家长都容易在争吵中脱口说出伤人的话，在这之后也总会出于情绪偏激、理解片面的原因而产生强烈的敌意，分别向教师告状。我从来不越过学生去向家长告状，也从不把家长向我数落的学生的"罪状"跟学生转述，"好事不出门，坏事传千里"，相互指责只会让不良情绪持续发酵，不利于亲子关系的缓和。毕竟家长不是专业的教育者，就算他们偶有过失，我也不会当着学生的面说家长的不对，我对小叶说："妈妈也需要时间适应你的转变，她以你的健康和学习为重，认为你的一些行为会损害到你自己的身体健康和学习，她为你着急，只是方法不对。"面对责备孩子的小叶妈妈，我跟她谈论小叶在学校表现好的方面，表扬小叶的优点，让她在家多肯定孩子，为她的焦虑情绪"降降温"。

2. 创造黏合的机会

经过几次深入谈话，小叶和妈妈剑拔弩张的关系有所缓和了，但在家还是和妈妈闹别扭，有什么话都不肯当面对妈妈说，担心说着说着又得吵起来。我把小叶妈妈请到学校，然后叫上小叶，三个人一起到校园的僻静角落聊一聊。有了我在场，小叶和妈妈的情绪有所控制，火药味也没那么浓厚了。看着聊天气氛慢慢缓和，我借口要去开会，留给她俩一个清静的谈话环境。

在这之后，我跟学校的心理教师沟通，认为可以给小叶和她妈妈做心理辅导，在辅导中增进她们彼此的了解，帮助母女适应叛逆期的变化。小叶妈妈很快答应了，但是小叶表示不太愿意。我告诉小叶："这是一个了解彼此想法的好机会，就像在做解谜游戏一样，妈妈在解关于你的谜团，但是她没有掌握好方法，你愿意以一个协作员的身份去帮助妈妈吗？"小叶想了想，同意了跟妈妈一起去进行心理辅导。

3. 用规则设限

一般来说，家庭里的规则都是在长年累月中形成的，是家庭成员的默契，但是处于叛逆期的小叶常常想要试探家长的底线，家长的溺爱、抵触、漠视则让家庭规则变得面目模糊，难以明确。为了修补亲子关系，我建议家长和孩子重新确立起规则，让家庭成员共同遵守，违反则要承担一定后果，而且一定要让孩子参与到制定规则的过程中来，双方达成共识。例如，周末孩子跟朋友出门，在这期间，家长可以不干涉，但孩子要在规定的时间内到家；双方不能起肢体冲突，不用暴力解决问题，要选择合理宣泄情绪的渠道；规定好一周或一月的零花钱额度，让孩子自主支配，如果提前花完，则不再增补；等等。

辨清一个"理"字，围绕家庭规则划清界限，一切就会变得非常简单。事实上，青春期的孩子喜欢讲理讲规则的父母，如果没有规则作为依据，家长强迫孩子做事时，逆反心理会让孩子对此十分抗拒。

学生令父母和教师头疼的叛逆期总是让人如临大敌，对于首当其冲的亲子关系来说，教师应该充当针线和黏合剂的角色，运用好心理学知识进行智慧的处理。在家长和孩子都迷茫的时候，教师要站出来为他们指引方向。逆反心理恰恰是处于叛逆期的听障学生展现个性、突出自我的表现，他们对逆反心理的体验和接受教育的过程对于其健全人格的形成具有重要意义。教师应当正确看待学生的叛逆期，发挥学校教育的引领作用，使学校和家庭对学生的教育影响互相配合，达到最佳状态。

人际关系发展干预疗法
对孤独症学生的帮助

——孤独症儿童个案分析

金平区蓝天下特殊教育学校　汤洁霓

近年来，社会对孤独症的认识与关注度持续提升，越来越多的人知道孤独症的明显特点，如兴趣狭隘、在语言沟通和人际互动交往上都存在障碍。也有部分人认为孤独症的成因是家长工作繁忙，没有足够的时间陪伴孩子、与孩子沟通，导致孩子不喜欢说话甚至性格孤僻。

在实际工作时，我接触到的孤独症儿童，有的是没有语言或语言迟滞，有的经常性出现播音发音或无意义发音，重复广告词或他人话语、机械性哼唱歌曲等情况，即使随着语言能力的逐步发展，孩子在理解抽象概念和推理方面也较为薄弱，较难理解和遵守游戏规则，他们很难参与到与同伴互动的游戏之中。这也体现了孤独症儿童在社交和情感方面的不足。

在此，分享关于我接触到的个案和在该案例中使用人际关系发展干预疗法（RDI）达到的干预效果。

一、个案介绍

小毅，男，该生不足月分娩，顺产，出生时无异常情况，2个月会笑，6个月会抬头，8个月会坐，9个月会翻身，15个月会走路。有过敏史，幼时对蛋白过敏，现今症状减少。该生入学时眼神关注差，对外界声音的反应也弱，视觉能力和听觉能力只达到参考年龄0.5岁；能独自上台阶，但无法左右跳跃，粗大运动达到参考年龄3岁；无法直线行走，平衡能力达到参考年龄1.5岁；能用拇指和食指拣物品放入瓶中并再次取出，能玩拼插玩具，精细动作达到参考年龄2.5岁。缺少模仿意识，喊名经常无反应，无言语能力，想要某物时会说"啊！"并拖拽他人的手来表示。入学前，家长认为其孤独症成因是孩子小时候家人陪伴较少。

经过一段时间的康复训练，该生有了一定的模仿意识，能模仿两个连续动作、两个口型的变化音，词汇量有所增加，能掌握交通工具、水果蔬菜、日常用品等名词，模仿句长2~4个字，自主表达1~2个字。

二、个案问题

经过干预和训练，虽然该生在认知和语言发展上有所进步，但其仍存在以下问题。

（一）听指令做动作能力较弱，不会自我表达

（1）只能听懂简单的指令，如"过来、拿起来、放下、坐下、站起来"，对于"把苹果放到篮子里，坐下跟着我拍手"这些指令无法完整执行。

（2）想要拿某个物品时不懂得表达，直接冲过去不停地说着物品名称，或指着物品重复说名称，并拉扯着大人帮他拿。

（二）容易出现情绪问题，出现自伤行为

（1）在集体课上，共同关注度差，有时会无故站起来笑或者尖叫拍打自己头部。

（2）在个训课上，如果教室外有其他同学走动，小毅就会尖叫、哭闹、掐自己的手背，指着教室的门想要离开教室。

（三）难以适应新事物，重复刻板行为

（1）家长反映孩子常常不愿穿着换季购置的新服饰，以致冬天还穿凉鞋把脚冻伤。每次让孩子穿新衣服，他都会大哭大闹，出现明显的焦虑反应。

（2）在家庭中较长时间专注观看电视广告和重复看一集动画片，经常性出现哼唱广告歌曲的旋律或突然说"佩奇、宝宝巴士……"等词语，并伴随单调重复地蹦跳和拍手。

三、教育策略和效果

针对该生以上行为问题，使用人际关系发展干预疗法对其进行干预。

人际关系发展干预疗法着眼于孤独症儿童人际交往和适应能力的发展，强调教育者的"引导式参与"，在评估儿童当前发展水平的基础上，采用系统的方法循序渐进地触发孤独症儿童产生运用社会性技能的动机，进而使其习得的技能在不同的情境中迁移，最终让患儿发展出与他人分享经验、享受交往乐趣及建立长久友谊关系的能力。

（一）建立共同关注，进行听觉记忆练习，加强学生语言训练

上课时使用"好玩的声音""我失去声音了""唱，吟诵"来吸引学生的关注。小毅喜欢唱儿歌，于是我用大小高低长短各种不同的声音以唱儿歌的形式导入课程，吸引他关注我的表情和动作，进而产生兴趣来模仿我做动作。一开始，小毅听到我唱歌会很兴奋地跳，大声地笑，但无模仿意识，大概进行了一周课程后，他会在我中途停止唱歌时，自己接着哼歌曲旋律，并伸手摸我的脸，此时用表情和肢体提示他模仿我做动作，他开始配合做动作。

使用以上方法建立小毅的共同关注后，开始进行听觉记忆练习，提供并输入卡片词汇，让小毅听到短句后指出相应的图片。此项练习除了练习听，还需要孩子理解游戏规则，必须先听教师说完句子，才可以拿卡片。小毅从一开始的听觉记忆一项名词到现在能稳定做到听觉记忆三项名词，能控制自己的行为，等待教师说完句子后，再拿卡片。

在语言模仿上，一开始，小毅断断续续地模仿名词，经过按要求指图说句的训练，现在他已经能模仿句子5～7个字，自主表达4～6个字。其言语能力得到很大提升，现在小毅想拿动物卡片去看，会拉着我的手说"要看卡片"来表达他的意愿。

（二）适应变化，学习自我检查配合他人

针对孩子课堂上的行为问题，我采用了"跟我一起走"的游戏让小毅学习观察周围情况，密切注意自己的行为以及确认是否需要配合别人。每次在从教室去往个训室的路上，我会先和他一起牵手走路，途中告诉他"我要放手啦，接下来请你跟我走一样的步伐"，接着在途中变换速度的快慢和脚步的大小，让孩子学会和我并肩走并不断调整自己的步伐。有时候，他走得太快了，这时我会停下，发出好玩的声音吸引他的注意，在孩子转向声源发现没有跟我走在一起的时候，示意他回来一起走。

一开始，小毅一溜烟跑开，完全没有关注我，经过一段时间的训练，他渐渐明白游戏规则——"走一样的步伐"，当我们出现节奏不一样的时候，小毅会自己走回来拉着我的手再次一起走。在游戏中，小毅逐渐能适应步伐的变化，学习配合别人。当小毅在课堂上出现走神、站起来做出异常动作的时候，我会用好玩的声音吸引小毅的关注，用眼神、表情和动作提醒他像我一样坐好，这时小毅能很快安静坐下；当他情绪焦躁时，"安静、坐好、等一等"这些指令也能及时阻止小毅的自伤行为。

（三）家校同步，改变刻板行为

孤独症儿童行为问题的有效干预离不开教师和家长的同步努力。要取得良好的干预康复效果，家长要根据学校为孩子设定个别化的训练计划，在家进行同步的康复训练。

（1）当孩子对某些东西过于抗拒的时候，可以进行脱敏训练，增加孩子接触这些东西的动机，让孩子不对这些东西过于敏感。针对小毅抗拒新服饰以致冻伤脚，我让家长把小毅的新鞋袜带到学校，用"一起唱一起玩"的游戏与他互动，唱他喜欢的歌曲，与他一起脱鞋子，脚心踩脚背跳跳舞，激发孩子的兴趣点，再改歌词让他模仿我穿上新袜子、新鞋子。一开始，小毅玩得很开心，但每当进行到穿袜子的环节时，他就开始哭闹，在反复进行此游戏三天后，我才顺利让他穿上新鞋袜。对此，我也和家长建议，每次购置新服饰的时候，可先放置在家中显眼位置，让孩子随时能看到，并适当地给予简单指令让孩子"拿、放"，让孩子多接触此物，降低对新服饰的敏感度。经过一段时间的尝试，家长也反馈现今孩子较容易接受新服饰。

（2）因为小毅的家长事务繁杂，有时候会让电视和手机来代替自己陪伴孩子，但这只能是短暂的代替，不是长远之计。为此我多次与家长沟通，让家长认识到孩子更需要的是与人沟通、与人玩耍来增进学习情感，而不是和电子设备玩耍，学习机械性、刻板性的电子设备语言。现今家长也明白了家校同步的重要性，开始合理安排时间陪伴小毅进行康复训练。

第二章 育人师说·微光造梦

四、结语

孤独症儿童存在不同程度的言语障碍和社会交往障碍，严重者很难参与到与他人的交往之中，通过人际关系发展干预疗法进行游戏教学，诱发了孩子的主动性和沟通动机，在游戏中拓展孩子与他人的互动能力。

虽然这些孩子是"星星的孩子"，但他们也需要阳光的温暖，不管康复的道路多长多难，作为特教教师，每天多付出一点，我们的孩子就能多进步一点。爱是会让我们的孩子绽放属于自己的光芒的。而在这等待开花的日子里，家长也能收获"星星的亮光"。

积极行为支持对孤独症儿童
离座行为的干预研究

——以一名孤独症儿童为例

汕头市特殊教育学校　吴婷婷　孙　团

一、引言

孤独症，又称自闭症谱系障碍，是一种广泛发育性疾病，其主要临床表现是：社会交往障碍、语言交流障碍、刻板重复行为等。在学校，孤独症儿童普遍出现不同程度的行为问题，尤其是课堂中的干扰行为，如离座、尖叫、攻击、自伤、刻板等。而课堂离座行为在培智课堂教学中尤为常见，影响着学生的身心发展及学习质量。

行为主义在特殊教育中的运用正在从传统的行为矫正技术逐步向积极行为支持的方法转变。积极行为支持重点强调以积极指导性的方法替代原先对特殊儿童严重行为问题的惩罚，并主张在功能性行为评估的基础上，逐步消除问题行为，增加良好行为，从而提高特殊儿童的生活质量。

本研究在积极行为支持的理念下，以一名孤独症儿童为研究对象，尝试对其离座行为进行功能评估，并基于结果制订与实施积极行为支持计划，以此减少其离座行为，提高其课堂参与度，进而提高其学习质量。这为孤独症儿童行为干预提供了新的思路与应用经验。

二、研究方法

（一）研究对象

洋洋（化名），男，8岁，经专业医院诊断为自闭症谱系障碍。目前就读于汕头市某学校，妈妈在校陪读。该儿童在课堂上频繁出现离座行为，甚至常常拉着椅子在教室内乱跑，严重干扰到课堂秩序。同时，该儿童常常拒绝服从教师的指令，缺乏延迟满足的能力。

（二）研究工具

1. 行为动机评量表

本研究采用行为动机评量表，旨在评量被试行为的动机取向，其得分越高，代表其高功能的可能性越大。

2. ABC行为记录表

本研究采用ABC行为记录表记录被试离座行为的前因事件、行为表现与行为结果。需要注意的是，本研究将离座行为界定为被试离开自己座位超过50厘米，为被试两三步的范围。

3. 儿童离座行为的积极行为支持成效问卷

本研究采用儿童离座行为的积极行为支持成效问卷评量积极行为支持对被试离座行为的成效。

（三）研究方法与设计

为有效降低个案课堂离座行为的出现频率，本研究采用单一被试实验研究法的A—B—C设计，运用积极行为支持干预个案的离座行为。其中，基线期（A）：观察记录自然情境下被试出现课堂离座行为的频率，对被试进行10天的观察，收集5个数据点。介入期（B）：对被试的课堂离座行为介入积极行为支持计划，并根据被试的情况及时调整，观察时间为21天，收集7个数据点，每次介入后收集并记录被试出现离座行为的频率。维持期（C）：此阶段不再进行介入，当离座行为的介入结束后，间隔4天进入维持期数据点的收集，观察时间为10天，收集5个数据点，等离座行为维持在稳定状态2天以上时即可停止。

三、研究过程

（一）确定目标行为

经教师、家长反馈，以及研究者观察，发现洋洋的离座行为频率较高，且无视教师指令，严重干扰到课堂秩序。这也对其学习方面产生了负面影响，于是本研究将课堂离座行为作为干预的目标行为。

（二）功能评估

首先，请教师与家长填写行为动机评量表，以此对洋洋的离座行为进行评量。结果发现，引起注意得分最高，其他维度的得分依次是逃避、感官刺激、要求明确的东西（见表1）。由此可知，引起注意和逃避的得分远远高于另外两个维度，也就是说，洋洋的离座行为主要是为了引起注意和逃避。

表1　教师与家长对被试行为动机的评量情况

评量者	感官刺激	逃避	引起注意	要求明确的东西
教师	8	15	19	7
家长	5	13	16	4
两者平均分	6.5	14	17.5	5.5

接着，采用观察法、访谈法收集并记录洋洋离座行为发生的前因事件、行为表现、行为结果等。由表2可知，洋洋的离座行为主要出现在三种情境下：一是发生在课堂中无人注意时；二是受到教师批评时；三是逃避困难任务或劳累任务时。

表2　洋洋离座行为的ABC行为记录表

前因事件	行为表现	行为结果
数学课，教师指名学生到讲台做题	洋洋跑到讲台前，乱点教师的课件	教师柔声制止，妈妈拉他回座位
语言沟通课，教师批评他上课不专心	洋洋跑到教室后，双手捂住耳朵，反复喊"不要"	妈妈制止，并将其拉回座位，教师则停止批评
语言沟通课，教师单独指导学生	洋洋跑出教室	妈妈追出去拉他回座位，教师批评他
感统课，母亲与其他家长谈话	洋洋跑出感统室	妈妈拉他回感统室，给他一个山楂片

第二章　育人师说 · 微光造梦

前因事件	行为表现	行为结果
感统课，连续坐了20分钟	洋洋跑到感统室角落趴着	妈妈鼓励他再坚持一会儿，但他仍旧想挣脱妈妈的手，继续往外跑，最终妈妈妥协，向教师请求终止任务
生活技能课，教师让学生将桌椅摆到教室两边	洋洋拉着椅子在教室绕圈	椅子砸到他的脚，他大哭，教师安慰其坐在椅子上，不用参与课堂
个训课，教师让其给汉字组词	洋洋打自己的头，跑到个训室门口开关门	教师柔声制止，停止任务
个训课，教师让他按规律穿珠子	洋洋打自己的头，从个训室跑回教室	教师跟上去将他带回个训室，更换学习任务
绘本课，教师要求学生们安静地坐在椅子上	洋洋拉着椅子在教室里乱跑	妈妈呵斥制止，教师将洋洋拉到讲台批评，并安排他坐在自己身边

通过上述分析与评估，可以基本确定在各种情境下课堂离座行为的功能：当洋洋被忽略时，离座行为实现着正强化功能；当洋洋受到批评时，离座行为实现着负强化功能；当洋洋逃避困难任务或劳累任务时，离座行为实现着负强化功能。

（三）积极行为支持计划的制订与实施

由于洋洋的离座行为已持续较长时间，教师与家长未能科学地使用干预策略，主要采取制止或容忍的方式，且未进行功能分析与评估，未能发展出替代离座行为的积极行为。因此，本研究根据功能性评估结果制定干预对策，切实减少洋洋的离座行为。

1. 积极行为支持实施计划

（1）前事控制策略。

① 调整座位。将洋洋安排在靠近教师的位置，方便教师及时把控其动向，减少其跑出教室等行为。②定时给予关注。当教师指导学生或指名学生回答问题时，洋洋会为了引起注意而出现离座行为，这就要求教师在其出现离座行为前，每隔5分钟定时给予其关注，并为其提供感兴趣的活动转移其注意力，减少离座行为的发生。但需要注意的是，当学生出现离座行为时，

教师不给予关注，以此避免离座行为被不恰当强化。③弹性调整任务难度。当教师提出学习任务时，适当简化对洋洋的要求，如减少任务时间、适当提示、恰当降低任务难度等，以此提升其参与任务的主动性与积极性。

（2）行为教导策略。

① 提供正向行为提示卡。当洋洋准备离座时，辅课教师或妈妈立即出示"正向行为提示卡"，提示："洋洋，看！"并同时将其放置在洋洋眼前，洋洋可根据提示明白在课堂上自己该如何做。②代币制。研究者与洋洋运用代币制约定其积极行为，即洋洋的安坐时长。当洋洋集齐五个代币，便可获得一个奖励。根据调查与了解，发现画画、击掌、山楂片对洋洋具有强化作用。研究者根据洋洋基线期安坐行为的时长平均值计算，将洋洋的安坐时长定为2分钟以内。辅课教师或妈妈对其安坐行为进行实时强化，每隔1分钟左右对洋洋进行一次鼓励，并奖励一个代币。③以功能性沟通行为替代离座行为。通过基线期观察，洋洋的口语沟通能力不足以作为功能性沟通能力的发展目标。所以，对洋洋需采取简单易学，容易被理解的，以动作、手势作为沟通方式的功能性沟通行为。例如，想上厕所时要懂得举手等。④提供行为路径图。由研究者、教师与洋洋家长共同制定行为路径图，并在家里和个训课上向洋洋教授正向行为。具体操作是：在研究者的指导下，家长在洋洋睡前和上课前向洋洋讲述行为路径图（讲述并演示正向—讲述负向及后果—再次强调正向）。在这一期间，家长还需表达自己对洋洋正向行为的期望与鼓励。个训课上的教师亦采取这种操作，并在洋洋复述内容后给予一定奖励，以此强化其正向行为。例如，运用"举手表达诉求"路径图（如图1所示），使洋洋知道可以通过举手表达自己的需求，而不是在课堂上离座，从而提升洋洋的自我管理能力。

（3）后事处理策略。

① 提示正向行为。可通过赞美他人的正向行为来提示其坐端正。如在洋洋准备离开座位时，立刻转移其注意力，提示其观看旁边坐端正的同学，说"看，某某同学已安静坐好"等。②减少离座行为的效能。当对洋洋的离座行为进行行为中断时，需给予其较少关注。同时，制止要迅速坚决，向洋洋表达不能随意离开座位。另外，以先前行为教导策略中的代币制为依据，当洋洋出现正向行为时，给予其代币，但当其不听从指令或没有采用正确方式

表达需求就离开座位时，将会被扣除一个代币，让其获得自然的逻辑后果。
③适当行为的积极性强化。在运用强化对行为后果进行介入的过程中，教师
与家长还需采用区别化强化的方法，只对洋洋积极的功能性沟通行为进行强
化，而对其离座行为采取忽略的态度。之后，逐渐延长强化的间隔时间，直
至完全撤销强化物。

（4）生态环境策略。

由于洋洋是孤独症儿童，他对周围事物漠不关心，但对亲近的人的态
度却极度敏感。因此家长需花更多的时间陪伴洋洋，少打骂，多鼓励，营
造积极、良好的家庭氛围。在课堂上，教师需及时捕捉洋洋动态，及时强
化其正向行为，并根据洋洋的能力制定个别化教育目标，满足其学习方面的
需求。

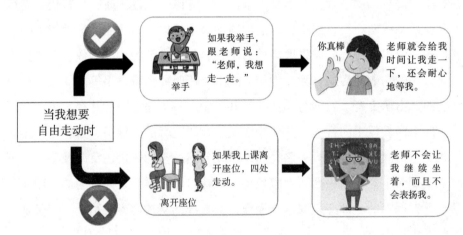

图1　举手表达诉求路径图

2. 积极行为支持撤销计划

本研究根据自然环境中教师能否对全体学生开展有效教育，确定介入期
的策略能否在维持期继续使用。而撤销的内容主要是执行策略的步骤，洋洋
习得的方法不需撤销。所以，本研究主要撤销的是前事控制策略中的定时给
予关注、弹性调整任务难度；行为教导策略中的提供正向行为提示卡、代币
制、动作或手势指导、提供行为路径图；后果处理策略中的提示正向行为、
减少离座行为效能、适当行为的积极性强化等。

四、研究结果与分析

（一）视觉分析

本研究运用视觉分析与简化时间序列分析之C统计对研究结果进行分析。

1. 阶段内分析

基线期内，洋洋离座行为的水平范围为29~32，均值为30.2，阶段内水平稳定性为100%，呈稳定状态，且其离座行为无显著差异〔（Z=1.38，$p>0.05$）〕，即基线期趋于稳定且高频状态，应进行介入。进入介入期后，其水平范围是11~20，水平稳定性降至57.1%，前4天稳定在16~20，后3天频率更低且呈下降趋势。另外，其均值也降至15.4，这都说明了介入后，洋洋的离座行为为正在逐渐减少。在维持期撤销计划后，其水平范围为13~16，均值为14.8，水平稳定性为100%，即在维持期内，洋洋的课堂离座行为处于低频稳定状态（见图2、表3）。

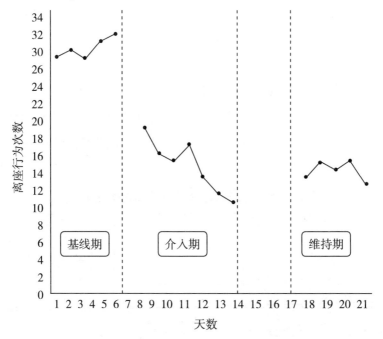

图2　洋洋课堂离座行为干预结果图

表3 洋洋离座行为的视觉分析阶段内分析表

阶段顺序	A	B	C
阶段长度	5	7	5
趋向预估	/	\	\
均值	30.2	15.4	14.8
水平稳定性	稳定100%	不稳定57.1%	稳定100%
水平范围	29～32	11～20	13～16
水平变化	29～32（+3）	20～11（-9）	14～13（-1）
C值	0.49	0.73	-0.10
Z值	1.38	2.26*	-0.28

注：*$p<0.05$。

2. 阶段间分析

从基线期到介入期，洋洋课堂离座行为趋向是负向的，呈下降趋势，均值变化为-14.8，重叠百分比为0%，洋洋的离座行为在这两个阶段间差异呈显著性水平（$Z=3.71$，$p<0.01$），表明积极行为支持介入后，洋洋的离座行为明显下降，其干预措施是有效的。从干预期到维持期，当计划撤销后，均值变化为-0.6，且其重叠百分比为100%，洋洋的离座行为在这两个阶段间差异呈显著性水平（$Z=2.45$，$p<0.05$），这是因为介入前期数据处于不稳定的状态，正从高频逐步变为低频，且干预后期与维持期相对处于较为稳定的低频状态。这说明撤销积极行为支持后，洋洋的离座行为呈缓慢下降趋势，也就是说，其介入后的维持效果良好（见图2、表4）。

表4 洋洋离座行为的视觉分析阶段间分析表

阶段比较	A—B	B—C
趋向方向	∧	\
效果变化	负向	负向
水平变化	32～20（-12）	11～14（+3）
均值变化	-14.8	-0.6
重叠百分比	0%	100%
C值	0.89	0.63
Z值	3.71**	2.45*

注：*$P<0.05$，**$P<0.01$。

综上所述，积极行为支持对减少洋洋离座行为具有良好的成效和维持成效。

（二）社会效度分析

实验结束后，请家长与教师进行深度访谈，并填写儿童离座行为的积极行为支持成效问卷。结果表明，从总体上而言，积极行为支持计划的实施对洋洋离座行为的减少有着较为明显的成效。首先，洋洋的离座频率大幅降低，课堂听课效率明显提升，自我管理能力也得到一定增强。其次，问卷结果显示，积极行为支持对洋洋增进身心健康、师生互动与同伴关系、学习与学校活动等具有成效。最后，家长与教师都肯定了本研究的有效性，愿意在家或在学校继续采用积极行为支持来改善洋洋的不良行为。

五、反思

虽然本研究对降低个案离座行为频率具有良好的成效，但也存在部分不足。首先，介入期时间较短。由于研究者还需进行普通的教学工作，因此每周只能上一节个训课，加之与洋洋的接触时间不长，导致难以保证干预的长期有效性。其次，研究对象类别不够丰富。本研究采用个案研究，没有将积极行为支持应用到更多的个案中，缺乏更多的干预干扰行为种类。后续研究可尝试将其运用到具有其他残疾类型、其他课堂干扰行为或其他年龄段的儿童身上中。

六、建议

（一）孤独症儿童的课堂干扰行为需优先采用前事控制策略

孤独症儿童的主要表现有刻板重复行为。如果对其输入错误信息或不良信息，则可能使他们逐步养成刻板行为，且难以矫正。干预离座行为等课堂干扰行为时，应尽可能在行为未形成前运用适当的良好行为代替，避免形成不良的刻板行为。

（二）孤独症儿童的介入策略需根据学生需求弹性调整

在采用积极行为支持介入学生离座行为时，需考虑学生的实际需求，预想可能出现的情况，并进行动态、灵活的弹性调整。例如，在本研究中，被试多次尝试仍难以完成某一项任务后，研究者更多地根据其实际需求适当降低任务难度，提供提示等以提高其任务完成度，同时激发其积极性与主动性。

（三）注意多采用后事处理策略中的区别化强化

当孤独症儿童表现出课堂干扰行为时，不要给予过多关注，仅以肢体语言纠正即可；当其表现出良好的替代行为时，需立即给予赞美及强化物，使其感知到自己的良好行为带来的良好结果，强化其良好行为。

（四）家人与教师需在家或学校构建温暖的环境氛围

孤独症儿童对亲近的人态度较为敏感，特别是家人，如果家长采取以打骂为主的教养方式，反而会加剧孤独症儿童的不良行为。由此可见，家长需多花时间陪伴孩子，以鼓励表扬为主，花更多的时间与孤独症儿童进行家庭亲子活动等，这能为孤独症儿童构建温暖的家庭氛围，这对其不良行为的改正具有重要作用。在学校，任课教师也尤为重要，需花费更多的时间和精力在孤独症儿童身上，及时强化其正向行为，并根据孤独症儿童的学习需求和能力制订个别化教育计划，帮助其融入课堂，提升学习质量。

参考文献：

［1］Utley, C.A., Kozleski, E., Smith, A., et al..Positive Behavior Support: A proactive strategy for minimizing behavior problems in urban multicultural youth［J］.Journal of Positive Behavior Interventions, 2002（4）: 196–207.

［2］李艳.自闭症儿童刻板行为的积极干预研究［D］.上海：华东师范大学，2009.

［3］邵秀筠.积极行为支持对学前孤独症儿童离座行为干预的个案研究［D］.济南：济南大学，2019.

［4］徐胜，孙涛.积极行为支持对自闭症儿童课堂干扰行为的个案研究［J］.重庆师范大学学报（社会科学版），2020（4）.

走进心灵，指引迷航

——视力残疾学生行为问题个案分析

汕头市特殊教育学校　李伊妍

著名教育学家卢梭曾说，"要尊重儿童，不要急于对他做出或好或坏的评价"。每个孩子都有潜在的能量，只是很容易被习惯掩盖，被时间迷离，被惰性消磨。为人师表，需在学生迷惘的时候，走进他们的心灵，给他们指引方向，使他们回归正轨。在我的教学生涯中，有这样一个孩子让我记忆犹新。

一、个案描述

小孟（化名）是一个从普通学校转来的孩子，在普通学校已读到初一，由于视力急剧下降，已无法适应普校高强度的学习与生活，这才来到盲校，插班读六年级。为了帮助小孟走出学习和生活的困境，我对小孟进行了多方面的分析，整理了其目前存在的问题及表现。

（1）学习困难。小孟从小视力差，在普通学校的七年里，一直是个旁听生，由于无法读写汉字，作业写不了，笔记没法儿记，考试考不了。

（2）自理能力较差。由于视力障碍，家长包揽了小孟生活方面的所有事情，小孟缺乏锻炼的机会以及自理、自立的能力，对家庭产生了很强的依赖性。

（3）缺乏人际交往能力。小孟特别自卑，话很少，从不会主动跟别人打招呼，问他话也只是用最简单的两三个字来回答；难以融入班集体，拒绝参加集体活动。

（4）自我效能感不足。小孟缺少自信，总认为自己没有能力完成某些事，缺乏主见。

二、归因分析

精神分析论强调检视该行为的渊源及根本原因，于是我试着去追寻导致小孟问题行为产生背后的背景及原因。

（一）个人因素

1. 性格分析

小孟的性格属于内向型，他安静、离群，喜欢独处而不喜欢接触人。这样的性格特征容易产生不良情绪，多发悲观、焦虑、紧张，还带有易怒。

2. 无法坦然接受视力障碍的事实

由于小孟是后天失明。因此他对"盲人""视障者"的称谓感到羞耻、痛苦。他不敢与陌生人接触，怕被他人知道自身的盲人身份。他经常把刘海留得很长以遮住眼睛，并且对校服上的特校校徽和名称感到反感。

3. 无法正视挫折

由于小孟在家里过多地受到家长的保护，因此他容易遭到外界要素的影响，心理承受能力十分脆弱。只要在生活中遇到一点挫折，他就会出现焦虑、逃避等消极情绪，容易产生厌学情绪，甚至破罐子破摔的逆反心理。

4. 满足现状，不思进取

小孟家长对他没有什么高要求而满足现状。经过交流，他觉得以后的出路无非当个按摩师，厌学思想严重，对教师布置的作业和任务都是敷衍完成，不参加任何课外活动。

（二）家庭因素

1. 家长自身素质的局限

小孟的爸爸妈妈都是工人阶级，受教育程度较低，经济状况较差。受自身的素质局限，家长对视障学生的发展规律认识不足，对小孟存在怜悯、愧疚的心理，导致他们会替小孟包办许多他们力所能及的事情。他们对小孟过度保护，百依百顺，从而使小孟过度依赖家长，缺少独立生存的能力。

2. 家长教育观念的偏失

小孟的爸爸妈妈在他小时候仅看重医治小孟的眼睛问题，而忽视了作为家长的教育责任，即错误地认为学校教育等于全部教育，把孩子的教育责任全部推到学校与教师身上。再者，小孟的家长认为盲生很难成才，以后最多只能当个按摩师或调琴师，只是担心将来小孟的自立问题。

（三）学校因素

在普校学习时，小孟是班里的后进生，其座位被安排在倒数第二排，基本看不到黑板，不会写汉字，上课只能靠听，这使得他原本就处于中下等的成绩更加不理想。而普校班级学生数量多，教师对小孟的关注度也较低。

另外，由于视力存在障碍，小孟在普通学校就读的七年里受到了个别同学的排挤，有些低年级的同学甚至在背后叫他"瞎子"。这对小孟的心理造成了一定程度的阴影，使之产生了厌学情绪，非常抗拒与人接触。

三、教育目标

（1）小孟能明确学习目的，端正学习态度，掌握学习方法。

（2）小孟能提高心理和生活自理能力，养成自主学习的好习惯，培养自立自强的精神和能力。

（3）小孟逐步塑造自信心，学会处理个人与集体、同学、教师、父母及他人的关系，正确对待家庭、社会出现的现实问题，提升人际交往能力。

（4）小孟能进行正确归因，提高自我效能感，激发学习动机。

四、教育策略

（一）微观层面辅导手段

（1）共情交流，聆听他的心声。

很多问题行为背后都是有原因的，只有多听一听学生的真实想法，给予学生表达自我的空间，这样才能更客观地了解他，帮助他。于是，我对小孟的家长、前班主任、任课教师进行走访了解，并且在做了一系列访谈调查后，我对他的情况做了分析并记录总结至档案中。

接着，在小孟掌握了全部盲文点位后，我让他开始尝试写周记，希望能引导他说出心里话。在他倾诉的过程中，我不急于做任何评价，而是做一名忠实的听众，在倾听中了解他的心理需求，小孟的每一篇周记我都会认认真真看完，并留下与他交流的话，留言时而幽默风趣，时而鼓励，时而温馨，希望能让他充满信心，恢复自信，不断自省。

　　除了通过周记的方式，促膝面谈、微信交流、电话沟通也是与小孟交流的方式，平等真诚地对待他，与他共情交流，能够帮助他舒缓或摆脱不良情绪的困扰。

　　（2）制订学习计划，培养自主学习习惯。

　　为了在学习上给小孟提供帮助，每天我都会抽出一定时间来询问他的学习状况，帮助他解决学习中遇到的困难和问题，每一次作业、每一次测验，我都认真分析他出错的原因，哪些知识还没有掌握，并认真记录下来，然后按知识分类，定时进行辅导。

　　针对小孟的情况，我还帮助他制订了具体的学习计划，如设计一个时间表（见表1），每天安排固定时间复习、预习功课，完成作业等；不先完成学习任务，就不能做其他事情，使他每天的学习活动有计划、有规律。

表1

星期一至星期五学习生活计划表			
	时间	学习科目	要求
上午	7：10—7：30	起床	每天按时起床，叠好被子
	7：30—7：50	吃早饭	吃饭时，不讲话、不剩饭、不挑食
	8：00—8：20	早读	星期一、三、五朗读语文课文；星期二、四背诵英语单词
	8：30—11：30	上课	认真听讲，不懂就问，做到"堂堂清"
中午	11：30—12：00	吃午饭	吃饭时，不讲话、不剩饭、不挑食
	12：30—14：00	午休	保持充足的精力
下午	14：00—14：30	课前自习	完成课堂上没有完成的任务
	14：40—17：30	上课	认真听讲，不懂就问，做到"堂堂清"
	17：30—18：00	吃晚饭	吃饭时，不讲话、不剩饭、不挑食
晚上	18：00—19：30	自由活动	自行安排，可以收听有意义的广播或者到操场进行体育锻炼
	19：30—20：30	晚自习	要按时、按作业量完成每日作业
	20：30—21：00	晚自习	背诵当天需要牢记的内容
	21：00—21：30	晚自习	巩固盲文点位
	21：30至第二天7：10	睡觉	晚上盖好被子，防止感冒

（3）创设契机，提高自我效能感。

第斯多惠说过："教学艺术不在于传授本领，而在于激励、唤醒、鼓舞。"在与小孟的相处中，我发现他的美工作业完成得特别好，他的手指很灵活，动手能力也强，他折出来的灯笼、蜗牛、千纸鹤和金鱼栩栩如生（见图1），这正是小孟的闪光点所在。于是，我鼓励他参加学校的手工比赛，他在体验中获得了成就感，也获得了自信心。此时，我抓住时机夸赞他。小孟体验到了被表扬的喜悦，于是重拾了自信心，自我效能感得到了提高。

图1　小孟的手工作品

（二）宏观层面辅导手段

1. 从同伴角度解决

班上突然转进来一名插班生，其对原本的学生、教师都需要一个适应的过程。而这时候，教师就是一个沟通与协助的中介。于是，我充分做了班干部的思想工作，引导他们结对帮助小孟，班长小锋更是主动请求坐在小孟邻桌。接着，我设计了一节主题班会课，让学生们意识到同学之间友好相处的重要性。

表2

主题	与人相处，从"心"开始
授课时间	2020年4月12日
课前准备	PPT、音频

教学目标	1.初步改变以自我为中心、自私自利的状况，懂得关爱他人、将心比心。 2.能正视同学之间的矛盾，在校园人际关系中较为娴熟地运用基本的人际交往策略来解决好人际关系中出现的问题。 3.知道同学之间友好相处的重要性，逐渐从与同学长期交往形成的情谊中，获得幸福感，学会感恩
教学过程	一、明镜台——游戏体验，揭示主题 一起来玩游戏：请你准备三根火柴，两根火柴象征两个人，第三根代表你自己，你会把自己放在哪个位置呢？ 二、回忆录——追忆往事，感悟友情 播放制作好的《班级纪念册》，其中有学生们在活动中共同拼搏、合作时忘我投入的情影，有友情的眼神交流和成功后的喜悦表达…… 三、智慧泉——讨论交流，学会交往 接下来，引导学生回忆：在收获成功和友情后，有过哪些摩擦和磕碰？学生在舒缓的音乐中回忆，写下这件事的几个关键词，并交流和朋友间不愉快的经历，说说自己是如何化解的。 四、情境院——课堂实践，学以致用 再现生生交往的真实场景，采用小组交流、集体研讨的方法，让学生们运用学到的方法或自己想到的方法"把脉问诊"找问题，"对症下药"开良方。 五、心语屋——甜蜜回忆，学会感恩 现在请同学们给最好的朋友写一张"感恩卡"。把你们最想对朋友说的话写下来，可以是真心祝福，也可以是对好友的建议，并亲手交到好朋友手上。如果你和朋友都愿意，请把写的内容念给大家听听。 六、小结

2. 从盲生家庭角度解决

家庭是孩子成长的第一课堂，父母作为孩子的第一任教师，对孩子的健康成长具有无可替代的作用。我一次一次地用课余时间进行电话访问或是面谈，让小孟的爸爸妈妈认识到家庭教育的重要性和责任感。对此，我提出了以下三个方面的建议。

第一，树立正确的家庭教育观念。

首先，家长应意识到盲生也是发展中的人，具有发展的潜力，同样可以成为对社会有贡献的人。其次，对小孟严格要求，不可溺爱，也不可放任不管，这样才能使孩子成为自立、自强、自主的人。最后，突破传统观念，多关注与盲人有关的信息，为小孟营造乐观与广泛的前景，盲人照样可以成为音乐家、运动员等。

第二，改进家庭教育方法。

首先，家长应严格要求自我做到言传身教，从而得到小孟的尊重与信任。其次，站在小孟的角度与其进行沟通，换位思考，了解他真实的想法。最后，用发展、赏识的眼光看待孩子，奖惩有度，在孩子取得成绩的时候不要吝啬表扬，孩子做错了也要给予一定的惩罚。

第三，多与教师及时沟通。

对于小孟在家的表现，如果家长不能解决，应及时与我进行沟通。每周我们都会通过一个由小孟传递的联系本来沟通，主要记录小孟在家做了什么、小孟是怎样努力的、在学校最大的进步是什么、还要在哪方面继续努力等。总之，这个小小的联系本就是孩子的成长记录本，让家长看到自己所做的工作，让学生看到自己的进步。家长和教师双管齐下的教育一定会让小孟逐渐提高对自身的要求。

3. 从学校角度解决

营造良好的学校文化是校园文化建设的重要体现，也是育人的重要途径。针对小孟等行为问题学生，我校提出以下建议。

（1）开展主题鲜明、形式多样的主题班会。

我校坚持结合学校和社会生活实际，开展了以德育系列教育为主题的主题班会，即养成教育（主题有："做一个讲诚信的人""做一个有责任的人""朋友与友谊""我心中的偶像""自信与成功"等）；感恩教育（主题有："感谢父母""感谢老师""关爱""名人激励我成长"等）；心理辅导（主题有："如何适应新环境""克服心理压力""做生活的强者""心理调适——相信自己""如何正确对待失意"等）。

（2）坚持国旗下的讲话，对学生进行正面教育。

我校坚持每周一的升旗制度，充分利用"国旗下的讲话"主题活动对学生进行正面教育，如爱国主义教育、集体主义教育、文明礼貌教育、诚实守信教育，等等。虽然话语不多，但非常注重实效，在庄严的国旗下，以及严肃的氛围中，收获了很好的教育效果，国旗下的讲话已成为我校德育工作的一条重要且高效的渠道。

（3）开展各种课内外活动，搭建个性发展平台。

我校充分广泛地开展各种课内外活动，为全面培养学生的个性特长搭建起一个又一个发展平台。如"书香满溢润心田""珍爱生命，拒绝毒品""节约从我做起"等专题活动，既进行了思想品德教育，又丰富了校园文化生活，还开阔了学生们的视野；"盲人诗歌朗诵暨创作比赛""元旦文艺会演""手抄报比赛"等课外活动，为学生提供了表现的舞台，展现了学生的个性特长；"消防应急演练""地震应急演练"等实践活动，让师生学会面对突发事件紧急自救的知识，大大增强了师生的安全意识。

五、教育效果

目前，经过一年的干预，小孟取得了极大的进步。

（1）在学习方面，小孟已掌握全部盲文点位，上课时能认真听课，主动回答教师的提问。在作业方面，能认真、主动完成各科作业。在学习成绩方面，小孟的语文成绩为"良好"，排名为所在班级全体学生的前三十；数学成绩为"良好"，排名为所在班级全体学生的前三十；英语成绩为"优秀"，排名为所在班级全体学生的前二十。

（2）在自理能力方面，小孟已能完成叠被、洗衣、搞好个人卫生以及班务劳动这些小事，家长反映他在家里也能帮助做洗碗、拖地等力所能及的家务劳动，自理能力逐渐提高（见图2）。

图2　小孟的自理能力逐渐提高

（3）在人际交往方面，小孟逐渐变得活泼开朗，和同学们相处融洽，现在有了一群知心朋友，平时也能主动去帮助需要帮助的同学。

（4）在自我效能感方面，小孟认为通过自己的努力，可以解决学习和生活中的难题，基本能做到冷静地处理问题，想到多种解决问题的方法。

六、教育反思

心理学的门槛效应指的是一个人接受了低层级的要求后，适当对其进行引导，其往往会逐步接受更高层级的要求。小孟的教育案例启发了我以下几点思考。

（一）找其闪光点，适当给予激励

作为一名教育工作者，我们要善于观察学生，善于发现他们的闪光点，要从学生的兴趣爱好入手，帮助学生发挥他们的爱好特长，然后加以鼓励教育。只有这样，才有利于学生的全面发展，并使学生的闪光点越来越亮，最后照亮其前进的方向。同时，在对学生进行鼓励的时候要讲究技巧性，做到赏识激励与适度批评并行，切勿形式化。

（二）讲究方法，不要急于求成

教师要尊重学生、理解学生，在与问题学生的相处中，要讲究教育方式，用贴合实际的生动故事或在班级里积极向上的事例来教育学生，真正做到动之以情，晓之以理，使一个问题学生克服原本的毛病，改变其原来的处事思维方法，要有一个认同、引导、移情、转变的过程。

（三）家校协作，保持教育目标的一致性

提高教育质量是全面建成小康社会的重要基础和关键指标。而教育水平提升、家长家庭教育素养发展又是优质教育的重要组成部分。学校可以通过专家大课堂、青春小教室、智慧父母讲坛、亲子共进社团、义工家长联盟、家庭素养展示打擂台等方式组织活动。只有家校融合发展、亲子共进的局面逐步形成，教育质量效益倍增的目标才有望完成。

（四）盲生良好行为的构建离不开社会的支持

全社会都应该致力营造有利于盲生的成长环境。首先，社会应该为视障青少年的社会实践活动提供便利，让他们明白自己也和正常人一样有帮助别人的能力，例如，到养老院陪老人聊天，为老人进行按摩；每月提供至少一

次的社区公益劳动供盲生参与，使他们融入社会大集体。其次，应该优化社会环境，例如，依法取缔违法娱乐场所，坚决抵制格调低下的娱乐节目，规范电视、报纸、杂志等大众媒体行为。加强信息化管理，严格规范互联网的使用，为盲生良好行为的构建营造良好的网络氛围。

苏霍姆林斯基曾说："唤起人实行自我教育，才是一种真正的教育。"我愿做学生心中永不熄灭的灯塔，指引他们一往无前。

拨开迷雾，重见阳光

汕头市特殊教育学校　郭少玲

题记：在你的小小世界里，或有束缚，或有迷茫，或有他人嘲笑的目光，希望从这一刻起，只为目标前进，你我都能拥有拨开迷雾的力量。

背景："老师，我新买的笔放文具盒里不见了；老师，班级图书角的书少了两本；昨天布置的作业有人没完成……"才刚踏进教室，学生们七嘴八舌地向我诉起苦来。经过一番了解、调查，一个刚从普校转来的新生引起了我的注意。

一、个案主要问题

小T（化名），男，10岁，肢体一级残疾。经过观察和接触，我对这个小男孩有了初步的认识。

（一）学习方面

学习目的不明确，缺乏兴趣和求知欲，上课经常走神，注意力不集中，不能认真完成作业，学习成绩低下。

（二）性格方面

敏感、善变、懒惰，爱耍小聪明，不思进取。

（三）行为习惯

有小偷小摸的习惯，在确凿证据面前依旧百般抵赖；爱撒谎，且说谎时神情自若。

二、问题的成因分析

（一）自身内在因素

小T原先在普校就读，他头脑灵活，学习能力并不弱，但学习态度不端正，怕苦畏难，缺乏进取心，对学习不感兴趣，基础较差，导致学习成绩低下。因其身体行动不便，加之不良行为问题突出，故被普校劝退。来到我校后，他经常跟同学吹嘘自己家境富裕等，通过撒谎来掩饰自己的自卑。在他的意识里，他的谎话可以给他带来某种自信。这样的行为经过日积月累逐渐形成习惯，他还盲目地认为是自己聪明的表现。他的撒谎跟偷窃行为的发生往往是为了引起父母、老师或者同学的关注。虽然他通过这种不良行为得到了关注，却也一直受到老师的批评、同学的抱怨、家长的训斥，他经常处在"四面楚歌"的环境和氛围之中，久而久之，产生了自暴自弃的心理。

（二）家庭环境因素

小T父母分居，父亲工作不稳定，常年不在家，小T跟着奶奶生活，奶奶溺爱孙子，觉得这个孩子腿脚已经这样了，就尽量满足他的所有要求，但奶奶只是简单地满足他对生活用品的需要，缺少对孩子爱好以及生活的了解，无法给孩子真正想要的东西。缺乏关爱，家庭关系冷漠，不恰当的教育方式，使他形成不健康的心理及不良的行为习惯。

三、转化策略

遇见小T这样的"特殊学生+问题学生"，想想头都大了！怎么办呢？我想，还是要以积极的态度来面对小T的这些问题，帮助他改正不良行为习惯。作为一名特教教师和班主任，可以说，在这个问题上，我无可回避，也不能搪塞，因为这是一份责任和义务。

了解到小T的主要问题在于缺乏家庭的爱与关怀，为了引起家长的注意才出现了偏差行为，于是我决定上门进行家访，做好家长的思想工作。在家访过程中，让家长意识到家庭教育的重要性及不可替代性，指出家长的长期缺位必将导致孩子各种成长问题的反复出现，阻碍孩子成长。小T父亲为自己之前的行为深深自责，表示接下来自己一定会努力配合教师一起帮小T养成良好的行为习惯。家访之后，我采取了以下措施进行教育。

第一阶段：破冰行动

1. 爱子心无尽——"在学校，我就是你的妈妈"

清代诗人蒋士铨说，"爱子心无尽"。是的，父母的爱是没有穷尽的，而小T却缺乏这种无穷无尽的温暖的爱。他的父母分居，父亲常年不在家，严重缺乏亲情的关爱，加之身体上的残疾给学习和生活带来了诸多不便，要想让小T有所变化，就需要我们付出更多的关爱，不仅要在学习和生活中给予其关心，更要在思想上给予他更多的关爱，从而让他感受到温暖。

有一次在课堂上，我见小T趴在桌子上，似乎不太舒服，经过询问才知道是没吃早餐，肚子饿了。我带他到办公室，给了他一块面包让他坐在椅子上吃，我蹲下来望着他说："小T，你记住了，在学校，我就是你的妈妈，你有什么事，一定记得找我。"小T的眼神愣了一下，然后使劲地点点头。我知道，我在他心里植入了一颗爱的种子，他感受到了。

课堂上，为了吸引他的注意力，挑适合他回答的问题，鼓励、引导他积极发言，多给他机会展示，培养他的学习兴趣。

"没有对话就没有沟通，没有爱就没有教育"，我寻找更多的机会亲近他，每天固定一个时间找他聊天，内容主要围绕学习跟生活两大方面，了解他的想法，拉近师生的距离。慢慢地，小T向我敞开了心扉，说了很多心里话。家里人为了钱，经常吵架，没人理他，他时常感受到压力与痛苦。针对这样的情况，我在聊天中给予了正确的认识和鼓励，尽量弱化这些不利影响，既然改变不了目前这种状况，就努力改变自己，只有自己变得更好、更强大，做好当下自己能做好的事情，努力学习，积极康复训练，才能减轻家人负担。

2. 少年乐相知——"走，一起打乒乓球去"

唐朝文学家韩愈说过，少年乐相知，年轻的时候以多结交朋友为乐。的确如此，少年在成长的过程中，朋友的爱和力量能起到正向影响。对于小T而言，我利用班级学生的力量进行友情感化，特意安排一个自控力较强、好学上进、乐于助人的班干部做他的同桌。这样，当他课堂上走神时及时提醒他，当他在学习上有困难时能热情地帮助他，让他感受到集体的温暖，在潜移默化中，让他逐步感受到交好朋友的快乐，帮助他学会与人交往。平时我不忘提醒班里的其他孩子，课余时间多跟他交流，多跟他一起打球，也可以

第二章 育人师说·微光造梦

带他到校园的各个地方去转转，促使其尽快适应新的环境、新的生活。现在每天下午都可以看到班里几个男孩子时常拍着他的肩膀说："走，一起打乒乓球去。"小T渐渐地跟同学们"打成一片"。

同时，我也利用榜样学习法，让班里的优秀学生陪他一起阅读，用书籍的正向影响鼓励他慢慢改变坏习惯。我会提前选择一些书籍或者影视作品来创设机会，让他跟班里的同学一起阅读观看，让他们一起交流、讨论，引导他学会正确、公正地看待事物，从而认识到谎言与偷窃的危害，鼓励他学习好品质，逐步改掉坏习惯。

第二阶段：赏识行动

1. 创造契机，发现闪光点——"老师，第一组出现三片纸屑和一个橡皮头"

赞可夫说过："个性的发展，在孤独和隔绝中是不可能的，只有在儿童集体的内容丰富而形成多样的生活中才有可能。"小T喜欢表现自己，竞选班干部时，我推荐他担任班级的劳动委员，他很吃惊，也很欣喜。那天下午，我特意留下来陪他一起打扫，细致地告诉他劳动委员需要负责跟检查哪方面的内容。从那以后，教室的环境好了很多。

有一次，他向我汇报班级卫生情况："老师，第一组出现三片纸屑和一个橡皮头。"我吃惊于他对工作如此认真负责，于是我在课堂上公开表扬他，让同学们向他学习。小T感受到自己被肯定后，更为积极，进步越来越大，听课也更认真，语文成绩进步不小，一段时间没有出现作业不交的情况。

创造契机，发现闪光点，肯定小成绩、小进步，不断赏识孩子，可以让他品尝到受赞许、被认可的快乐，从而树立起自信心。

2. 提供舞台，增强自信心——"老师，我想站上那个舞台"

兴趣是最好的教师。我在无意中发现小T很喜欢唱歌，且歌声不错，那时正好学校举行唱歌比赛，为了增强他的自信心，我提出想让他参加比赛。刚开始，他不太愿意，后来在我的鼓励下，他写了一张纸条放在我的办公桌上——"老师，我想站上那个舞台。"

为了快速提高他的唱歌能力，我特意请来音乐老师帮忙辅导，于是，我每天都与他约好，让他在下午五点前把作业做好，我就跟他在教室里练习，分析歌词，教他背诵，给他设计动作，一遍一遍地练习。回想起训练的过程是枯燥乏味的，但我们都没想过放弃。在他的每次训练中，我都能够感受到他对于唱歌的热爱，以及对于舞台的渴望。我能做的就是竭尽所能地帮助他站上那个梦想的舞台，收获一份属于他的自信与骄傲。在那些训练的日子里，我们相互信任，相互促进。一天又一天，我感觉他的积极性高多了，也变得有自信了，学习也自觉很多了。

在教育和帮助的同时，有目的地给学生提供一些舞台，让他在同学和教师面前展示自己，这样就会有效改变学生的日常不好的行为，使其增强自信心，获得成就感。

第三阶段：共育行动

经过上门家访后，小T家长对他的关心也多了起来。原先小T父亲常年不在家，现在父亲工作稳定了，白天上班，晚上也能陪伴在孩子身边。除了每日跟小T的交流，每周我还通过电话、微信等联系方式与其家长交流他在校的学习情况，同时了解孩子在家的表现。知道他的家长在家庭教育这块较薄弱，学校举办的家长培训我都会邀请他的家长来学习。通过更多这样的机会，改变家长对孩子的教育方式，多关心孩子、陪伴孩子，家长回家以后也可以对学生做相关方面的辅导，家校强强联合，追踪考查，反复抓，抓反复；加强日常生活、学习的监督，促使他养成良好的行为习惯和学习习惯，共同引领孩子走向正确的道路。

四、教育效果

经过一年多的教育和康复训练，现阶段的小T阳光了很多，他能和同学们积极交流，一块儿玩游戏，上课主动回答教师的提问，成绩有所提高，也能积极参与学校举办的各项活动，加入了学校的游泳、乒乓球兴趣班，还代表学校参加市残疾人游泳锦标赛，喜获佳绩。最重要的是，他的家庭关系缓和了很多，爸爸妈妈重新在一起了，共同照顾他，家长反映现在他能主动和他们聊起在学校的生活，我从孩子脸上看到了越来越多的笑容，那是只属于孩子的单纯笑容，而曾经让我很头疼的撒谎行为越来越少，班级里的东西也不丢了。

五、案例反思

通过摸索、努力，我拨开了重重迷雾，只为在山顶一览群峰，享受阳光的沐浴。望着走过的路，我豁然开朗。面对身处迷途的孩子，我们需要进入他们的情感世界，"相信每一个孩子都有可能"，与其建立良好和谐的师生关系，尤其重要的是和家长进行深入交流，改变对孩子的教育方式。同时，我们教育工作者也要提高自己的心理学知识和对偶发事件的处理能力，只有不断地学习科学方法，运用这些方法来面对特殊学生，才能帮助他们走向正道，沐浴阳光。"路漫漫其修远兮，吾将上下而求索"，这是一个光荣而艰巨的使命，也是一个教师不可推卸的责任。

自闭症儿童感觉统合训练个案分析

——以一名自闭症儿童学习跳跃为例

汕头市特殊教育学校 汤意纯

感觉统合失调是指输入大脑的各种感觉刺激信息不能在中枢神经系统内形成有效的组合，使肢体不能有效地运作，从而产生一系列的学习、运动、生活障碍等。近几十年来，随着国内外感觉统合训练研究的深入，不少资料显示，自闭症儿童存在不同程度的感觉统合失调。在感觉统合失调的自闭症儿童中，存在各种运动协调失衡问题，学习困难，部分伴随注意缺陷多动障碍。

跳跃是孩子早期成长的一项重要活动，是感觉统合训练的重要项目。在跳跃过程中，每当自闭症儿童用脚踏时，力量就会进入脚趾、脚掌，进而刺激大脑，有助于前庭感觉的统合，培养平衡感，训练手眼协调能力，提升身体控制能力，有助于情绪的稳定。然而部分自闭症儿童到上学年龄时仍然不会跳跃。本文以一名6周岁不会跳跃的自闭症儿童为例，探讨有效的感觉统合训练跳跃方法，为今后的训练提供科学依据，结果报告如下。

一、研究对象

妍妍（化名），女孩，6岁，目前就读于某特殊教育学校。出生时体重正常，剖宫产。妍妍父母亲均无遗传疾病史。据妍妍母亲描述，妍妍在出生时在母体停留时间较长，出现了窒息情况。妍妍从小怕生，不敢靠近人群，喜欢一个人躲起来，爱哭，当要求得不到满足时，就会生气打自己。妍妍4岁时，母亲带她去医院检查，被诊断为自闭症。

二、观察与访谈结果分析

（一）认知特征

妍妍基本无认知，不识字，不会数数，注意力不集中，注意时间短。需要教师多次呼唤或者指点才能引起她的注意，经常不理会教师的呼唤，需家长多次提醒。

（二）社会交往

妍妍的社会行为表现为没有主动与人交往的行为，与陌生人对话完全无眼神接触，对熟悉的人基本无眼神接触。能理解妈妈的部分面部表情，特别是生气的表情，如妈妈很生气时会有情绪反应，对其他人则无反应。在学校没有出现攻击性行为，但是情绪不稳定时会大声哭闹，用力打自己的头。

（三）语言能力

妍妍基本没有语言能力，单字无法表达，也无法按教师的要求发出单字声音或动物声音。

（四）动作发展

妍妍大动作发展一般，能够自己上下楼，能够做基本的跑、爬等动作，但是不能双脚跳跃。如果跑、爬加快节奏，就会乱，反应不够灵敏。精细动作发展较差，无法使用剪刀，涂色容易将颜色涂到其他地方。

三、训练方案设计及训练效果

（一）训练方案设计

针对评估结果以及个案的具体情况，选择以感觉统合训练为主，着重训练跳跃能力，训练时间每周两次，每次一个半小时。例如，袋鼠跳项目能够刺激前庭发展，锻炼儿童的跳跃能力，同时能够促进大脑信息加工；平衡台跳跃项目能够增强学生的肢体力量及肢体协调性，提高学生的控制能力，改善学生的本体感及前庭平衡。

每周训练后，及时对课程进行反思，及时根据个案发展情况进行调整安排。同时，重视发挥家长的作用，及时与家长沟通交流儿童的训练情况，让家长更多地参与到课堂训练中，同时让家长学会一些基本的训练方法和知识。

（二）训练结果

表1 妍妍的感觉统合训练方案设计

课程目标		结合个案的感觉统合能力评估情况，重点训练其跳跃能力
原地跳	训练目标	提高身体控制能力和平衡能力，增强腿部运动能力
	训练内容	1.用脚尖站立、走路；2青蛙跳；3.双脚原地跳；4.原地开合跳；5.能双脚离地时，双手同时拍一下
距离跳	训练目标	强化前庭刺激，训练两侧性、空间距离感和平衡力，发展手眼协调能力，提高注意力
	训练内容	1.袋鼠跳2～3步；2.远距离袋鼠跳；3.双脚跳彩虹圈；4.跳脚印；5双脚跳过一条慢慢摆动的绳子
单脚跳	训练目标	增强身体平衡能力及重力感，提高双腿肌肉控制能力
	训练内容	1.扶物单脚站立；2.单脚原地跳；3.单脚跳彩虹圈；4.跳数字
高度跳	训练目标	增强腿部、膝盖运动能力，提高身体协调性，克服高度恐惧
	训练内容	1.走上、下倾斜约30°的小斜坡；2.跳上、下最后一级楼梯；3.两级楼梯跳起并接触悬挂物件；4.不同高度障碍跳
跳平衡台	训练目标	提高全身平衡能力及协调性，培养协调能力及信心，克服恐惧
	训练内容	1.平衡台摇摇船；2.走过连续平衡台；3.站平衡台上拍球；4.平衡台上连续跳；5.平衡台上高度障碍跳
综合训练	训练目标	刺激触觉、本体感发展，强化前庭功能发展，增强肢体协调自控力，提高复杂感觉统合能力的综合能力
	训练内容	走过平衡木→雪糕桶高度走，中间设平衡台障碍→彩虹隧道爬行→平衡台上高度障碍跳→彩虹圈双脚跳→彩虹圈单脚跳→垫上大龙球身体按摩放松训练

经过一个学期的训练后，观察结果表明，妍妍各方面的能力均取得一定进步，主要表现在以下几个方面。

1. 认知能力

妍妍的注意力水平有所提高。在开始训练时，经常无法顺利完成训练，常被感统室的其他物品如大龙球、袋鼠袋等吸引，常跑去玩球或其他器材。如今，每项训练她能坚持至少10分钟，特别是在有奖励的情况下能坚持更久。另外，妍妍基本能对10以内的数字卡片进行顺序摆放。

2. 社会交往

妍妍依旧没有主动交往行为，与人基本无眼神接触，但多次呼唤后能引起注意，并看向教师。参与活动时能遵守游戏规则，如听到教师开始口令基本能马上活动，听到停止口令能很快停止，但有时仍需提示。能基本理解教师的面部表情，特别是生气时，能有情绪反应。

3. 语言能力

妍妍的语言能力发展缓慢，依旧无语言，但开始用肢体动作表示不同动物，如用大象走路的方式表达大象，用鸭子走路的方式表达鸭子，并能发出鸭子"嘎嘎"的叫声。

4. 动作发展

妍妍在大动作能力方面，身体平衡控制能力明显提高，身体协调性明显增强。比如妍妍在走平衡木时，能加快行走节奏。让妍妍站在平衡台上，摇晃妍妍的身体，她能保持基本的稳定。她对跳跃训练有兴趣，老师说"青蛙跳"，妍妍立马跳起来。在教师的辅助下能单脚跳，在平衡台上障碍跳。在精细动作上，妍妍的涂色进步较明显，能基本按要求涂满颜色，不会像之前一样涂得歪歪扭扭。

四、讨论与反思

经过对自闭症儿童一个学期的感觉统合训练，得出以下几点思考。

（一）建立家长沟通与合作机制

教育的目标和策略要与家长达成一致，共同处理孩子的问题。重视与家长的交流，训练教师在进行感觉统合训练时，需要将训练目标具体化、明确化，并教给家长回家训练的方法，这样能够在更大程度上发挥感觉统合训练的优势和效果。同时，建议家长学习了解相关知识，与训练教师多交流，这样能提高家庭教育与感觉统合训练的融合，起到家庭教育与学校教育相互配合、共同促进的作用。

（二）以学生为本，"对症下药"

训练教师需要根据儿童的具体行为表现，充分考虑自闭症儿童的年龄、智力水平、接受能力等因素，选用与之相适应的训练方法。在训练方案设计中，需要提前计划好每周的训练内容、次数和时间；在实际操作中需根据儿童发展水平的发展而相应做出调整，逐步提高其综合能力。训练需坚持进行，并保证一定的强度，这样才能使自闭症儿童取得进步。

（三）多方支持

训练的整个过程中将个别训练目标整合到班级每日活动及家庭活动中，同时在集训课中将个别化训练目标进行融合，充分调动各科特教教师以及家长组成一个围绕儿童的干预团队，对儿童进行全面训练，以达到最佳干预效果。

（四）反思

在训练过程中，需要同时做好对家长的思想教育工作。自闭症儿童的训练往往进步缓慢，而家长往往抱有很高的期望，自闭症儿童长期不进步、进步不明显都容易引起家长的焦虑、灰心，容易造成家长对学生批评、打骂，引发自闭症儿童的焦虑，打击自闭症儿童的信心。每个自闭症儿童都有自己的独特性，同一套训练方案在一个自闭症儿童身上有效，在另外的儿童身上未必适用，在具体的训练中，需要重视个案评估，并做出个别化训练计划。

对个别化教育促进听障学生
品德发展的思考

潮南区特殊教育学校　叶名涵

随着我国特殊教育事业的发展，特殊教育学校的教育对象在障碍程度及类型上也发生了很大变化，每名特殊儿童都有其特殊性，并不完全相同，为每名学生制订个别化教育计划是不可或缺的。其中，品德教育应引起极大的重视，听力障碍儿童普遍存在道德认识单纯片面，经常说谎、欺负同学、目无尊长、小偷小摸等不良品行，且道德意志具有不稳定性。本文从评估、制订与实施个别化教育计划出发，对本班的一名听力言语障碍学生展开品德个别化教学，以期对促进特殊儿童的品德发展贡献绵薄之力。

一、个案情况介绍

（一）基本情况

小培（化名），男，出生于2009年2月12日，现就读于五年级。听力言语障碍，双侧外耳道闭塞，右侧上鼓室内未见听小骨，左侧听小骨显示清晰，骨质完整。双侧板障型乳突、双侧鼓室及骨窦发育不良。左耳听力轻度受损，右耳丧失听力。由于外耳发育异常，无法佩戴助听器。该生智力正常，但由于家长溺爱、放纵，且该生学龄前仅接受过一年半的幼儿园教育，缺乏系统规范的教育背景，该生性格顽劣，好动倔强，好奇心强，不懂礼貌，是非观念不明，缺乏自信；上课积极性不高，注意力不集中，在课堂上会随意大叫制造噪声。

（二）家庭情况

小培父母打零工，家庭收入微薄。母亲患有甲状腺肿大，仅育有小培一子。由于小培身体不好，小时候经常去医院接受治疗，父母念及他的缺陷，对其过分宠爱，放任其自由生长，在未到校接受教育前他常独自在家看电视。据悉，小培称呼父亲为"王八蛋"，母亲为"八婆"。父母亲对其错误行为从不进行纠正甚至引以为豪。

二、建立团队机制

为推进我校个别化教育的有效实施，更好地对小培开展个别化教育，在学校领导的支持下，特设立由个别化教育专家及我校一线教师组成的研究团队，并明确了各人员在个别化教学工作中的职责。由个别化教育专家指导，一线教师参与小培的品德发展个别化教育的设计与实施，及时与家长沟通反馈，负责资料的收集与整理以及最后的总结反思。

三、开展个别化教育

（一）多方参与，全面评估个案情况

根据小培的特点，通过医学评估、家访谈话、教学观察相结合进行评估。　是分析医学诊断报告，利用听力检测设备检测小培的听力残余情况，同时进行家长访谈，了解小培在家的表现。二是利用入学后的一个月观察期观察小培的言行举止，记录其各种行为表现，可知小培并未形成正确的品德行为及认知，例如，不懂礼貌，见到老师、长辈不会主动问好，甚至给父母起外号；做错事不承认，受到老师批评，甚至会打老师、骂老师；看到同学跌倒会取笑同学等。

（二）共同研讨、确定个别化教育计划

在全面评估的基础上，组织召开小培的品德发展个别化教学计划的制订研讨会。邀请家长、心理学生等方面的专家以及专业教师共同对评估结果进行讨论并确定个别化教学计划。根据小培的情况，确定其短期目标为认识自身的不良言行并改正；长期目标（在校期间）为形成正确的道德情感、道德认识和道德判断能力，养成良好的行为、礼仪习惯。同时以小培的现有水平为基础，在集体课堂中为小培设计独立的教学内容，每周增加2～3节个别辅

导课，以达成小培的个别化教学目标。

（三）多方配合，实施个别化教育计划

1. 营造氛围，促进个别化教育的开展

首先，在学校的教学楼、教室随处可见核心价值观、良好品德的宣传图片及标语，考虑到小培现有的理解能力及识字能力，特安排教师带他参观学习，询问其感受，向他提问：看图后，你知道了什么呢？同时给小培进行讲解，教育他要多学习这些良好行为习惯。其次，精心安排"国旗下的讲话"，每周选取一个有关尊老爱幼、诚实守信、文明礼貌等方面的故事，由思想品德教师负责讲解，请学生进行示范。下课后，教师再与小培进行交流，传达正确的道德思想。

2. 抓好语文课堂主阵地

在课堂上，语文教师应利用与品德教育相关的课文，抓住课文的中心思想，多向学生讲解正确的是非观念。例如，在《教师，您好》一课中分别讲述了上学、放学时，学生应当向老师问好，回家后应同父母问好等良好习惯，结合小培不主动打招呼的事实，在课堂上演示两种情况，请同学们思考哪一种行为好；在《奶奶您吃》一课中教育学生应该尊敬长辈，比如自己的爸爸妈妈、爷爷奶奶，有吃的东西应当主动分享，在平时吃饭时，也应等长辈动筷子了再吃饭，不能只顾着自己。同时考虑到小培的注意力不够集中，在需要学生演示、表达时，应多提问小培，给予小培表现的机会，增强其自信心。

3. 学校教育与家庭教育相结合

个别化教育的实施离不开家长的参与、支持与配合。很多特殊学校会出现"回生"情况，往往周一到周五在校表现良好，周末或放假，学生又被"打回原形"。在个别化教育计划实施过程中，小培曾因清明节与五一连续放假，不想上学了。家长也放纵他，让他在家看电视。这件事发生之后，班主任及科任教师马上采取措施，调整个别化教育的进度，同时多次与其家长进行沟通，告诉家长教育孩子不能一味放纵、溺爱，这不利于小培的成长，还容易助长其不良行为的养成，影响今后的生活。此事过后，我校常常将小培的品德发展个别化教育计划的实施情况向小培父母反馈，同时定期组织家长座谈会，疏导小培父母的心理压力，调动他们的积极性，提高他们对孩子的重视度。

4. 奖惩分明，即时强化

在小培的品德发展个别化教学计划实施过程中，当小培意识到自己的错误并加以改正时，应及时进行强化。如，每天早上到校，小培见到教师，有主动向教师问好，可以奖励代币一个；放学后，小培父亲来接小培，他有主动叫爸爸，这时，小培父亲可以给予口头表扬；每天做操、吃饭时懂得要排队，不争不抢，也奖励代币一个；但出现在课堂上随意大叫，看到同学不会做题时嘲笑对方等行为则要扣除一个代币，同时告诉小培要遵守课堂纪律，与同学和谐相处。

5. 开展丰富多彩的活动

我校在原有律动课的基础上，增添手语舞蹈课，任课教师有意选取符合社会主义核心价值观要求的歌曲，如《感恩的心》《感谢》《国家》《爱的奉献》等歌曲，在教授舞蹈及手语动作时，讲解歌曲含义，告诉小培及其他学生，要学会感恩，热爱我们的祖国，爱自己的爸爸妈妈。同时，关注小培的情绪与反应，排练舞蹈时给予小培中心位置，当小培表现良好时，让其进行领队示范，这在无形中增强了小培的自信心。

四、期末总结反思

经过一个学期的实施与探索，结合小培在课堂教学和个训课上的日常表现以及家庭访问，发现小培已改正原先的不良品行，懂得主动向教师问好，看到长辈会主动打招呼；学会与同学和谐相处，看到同学有困难会主动帮忙；早读课自觉读书，在课堂上会集中注意力，主动举手回答问题；学会自我克制，遵守课堂纪律，不在课堂上随意大叫。与此同时，我校对小培的品德发展个别化教育计划进行经验总结，从而为其余聋生的品德发展个别化教育的顺利开展奠定了基础。

1. 重视全面评估，提供理论依据

在拟订个别化教育计划时，一定要先对学生进行全面的评估，除了医学诊断报告之外，在其入学之后应安排一线教师对其进行观察，通过家长谈话，多方面了解该生，从而为个别化教育计划的制订做好准备。

第二章 育人师说·微光造梦

2. 注重多方合作，相辅相成

在实施个别化教育的过程中，需要社会力量的扶持与帮助、学校领导的大力支持，同时离不开学校教师、家长、学生之间的配合，个别化教育的顺利实施仅靠一方的力量是难以维系的，而应注重家校结合。

3. 开展专业化培训，提高能力

个别化教育计划的制订与实施需要专业的团队参与，特殊教育学校应重视团队建设，重视专业化培训，学习如何开展个别化教育，打造专业的个别化教育团队。

参考文献：

［1］肖非.关于个别化教育计划几个问题的思考［J］.中国特殊教育，2005（2）.

［2］刘全礼.个别教育计划的理论与实践［M］.北京：中国妇女出版社，1999.

［3］陈莉.聋生个别化教育实践与探索［J］.现代特殊教育，2005（10）.

随班就读回流学生小煜重拾的自信

汕头市聋哑学校　李思慧

一、情境再现

"李老师，这是刚刚从普校转学过来的小煜（化名）同学。"2020年秋季开学不久后的一天，我刚走进四年（1）班的教室门，班主任林老师就向我介绍道。

"你好，欢迎来到我们班。"我一边向小煜同学问好，一边打量着这个新转学过来的男同学：他长得高高的，十四五岁的样子，个子比班里的其他孩子要高出大半头，看起来有点腼腆、安静，奇怪的是，这孩子竟然让我觉得有几分面熟。

脑海里的画面瞬间流转到五六年前的某一天。那天，我正从教学楼二楼的走廊经过，突然听到一个男孩子趴在栏杆上兀自说话："灌篮高手！"因为他的普通话发音特别标准，几乎与健全人无异，这着实令我吓了一跳。在我所任教的聋哑学校，多是不会说话或是发音不标准的听障孩子，像口语说得这么流利的孩子简直就是百年难遇的。

就如同无意间发现了一座金光闪闪的宝藏，内心的惊喜让我停下匆匆的脚步。我看了看走廊下的操场，果真有一群高年级的男生在打篮球。我问他："你说话说得很好呀，你怎么会来我们这里读书？"那男孩抬头望了我一眼，笑容清新又带着些许无奈，答道："我7岁时生了一场病，从此之后才听不见的，以前我都是能听见的。"他回答得很清楚。这一幕给我留下了特别深刻的印象。

第二章　育人师说 · 微光造梦

当年那个只及我腰高的一年级小男生，转眼间已经长成了比我高出半头的翩翩少年。可是，多年以前，他不是已经转去普通小学读书了吗？他说话说得这么好，佩戴上助听器也基本能听清楚老师说的话，像这样的学生，按理来说，应该可以顺利融入普通学校的呀……一团团的迷雾在我心中久久不能散去。

第一节数学课，小煜同学的学习问题就初见端倪。尽管小煜同学在普通学校已经读到六年级了，但是加减乘除基本运算能力却很薄弱，运算基本功还不及学校里听力损失严重、年纪较小的同学。在课前的乘法口诀背诵中，小煜对乘法口诀并不熟练，有些乘法口诀的答案要思考很久才能答得上来。虽然小煜口语能力很好，遇到自己感兴趣的话题时能侃侃而谈，然而每每在数学课堂上提问他时，他的声音都特别细微……

二、案例分析

为什么听觉、语言能力都不错的小煜同学会从普通学校回流到聋哑学校？为什么原来那个阳光开朗的小男孩变得安静而腼腆？本该达到普通学校六年级学生的学习水平，为何数学基础运算能力还不如特殊教育学校四年级的学生？我分析了一下，主要有以下原因。

一是小煜在普通学校难以跟上教师的教学进度，造成学习自信心受挫。

小煜的语言能力、听觉能力与普通学校的学生存在一定差距，而普通学校的班级班额大、人数多，教师没有精力为小煜制订个别化教育计划。另外，对特殊儿童给予过多的照顾会间接造成对其他学生的不公平待遇，所以在普通学校仍然要求特殊儿童适应普通儿童适用的教学方法，而没有专门针对他们设计的教育计划。小煜显然在普通学校没听懂教师课堂的教学语言、具体安排和要求，难以跟上教师的教学进度，常常云里雾里，无所适从。久而久之，小煜学习的自信心和积极性受到打击，形成低分和误解的负面效应，学习动机、主动精神、智力发展都受到抑制。

二是小煜在普通学校不被同学完全接纳，受到不同程度的欺负和排斥。

曾经，小煜无意间透露，之前在普通学校读书的时候，他经常受到周围同学的欺负。普通学校比较强调学生的学业成绩，在这种教育环境下，小学生们普遍有"慕强"心理，他们更加喜爱与学习成绩好的同学做朋友。小煜在学习上跟不上大部队，拖了班级成绩的后腿，又存在听力障碍，与同学的沟通交流存在困难，这些因素对小煜的同伴交往都存在着负面影响。一份研究结果显示："随班就读特殊儿童均受到了不同程度的欺负，部分也会欺负其他同伴。被同伴欺负的方式基本一致，如会受到身体上的踢、抢夺物品等，以及言语上的嘲笑、恶意戏弄、起外号等，而很少受到关系欺负与性别欺负。不同学龄阶段的欺负行为也有所变化，在小学阶段，特殊儿童受欺负的现象较多，幼儿园阶段和高中阶段相对较少。"因此，很多在普通学校随班就读的特殊儿童会面临欺凌等社交问题的困扰，缺乏安全感和归属感，容易形成自卑和孤立的压抑心理。

三是小煜转学后，在进入一个已经形成的集体时，担心自己是否会被接纳与认可。

"美国心理学家托马斯专门研究各种生活事件给人带来的压力，以及这些压力对人身体和精神的影响。在他设计的'心理压力分析表'上，'转学'位于第18位，压力分数为35分（最高100分）。可见转学对孩子来说，并非一件轻松愉快的事情，孩子为此将承受着非常大的压力。"

小煜重回聋哑学校之后，他首先面临的问题是人际交往问题。转学后，原来的同学、老师都变了，需要建立新的同学关系、师生关系。对于不擅长交际的孩子来说，这是一个很大的障碍。其次是面临新的教学内容和方法。聋哑学校和普通小学使用的教材不一样，教学进度不一样，教师教学的方式和方法也不一样，小煜需要一个适应的过程。

三、实施教育

（1）在教学设计上制定专属于小煜的教学目标，给予小煜进步的机会。

以前小煜不喜欢数学的一个重要原因就是觉得数学太难了，加之普通学校课堂教学过高的要求，令他望而生畏。想要让小煜喜欢数学，就应该把数学变得容易一些，让小煜能接受，也乐于接受。在教学目标的设计上，我更侧重于训练和巩固小煜的基础知识。比如在进入新课"除数是一位数的除法——笔算除法"的学习前，我先给小煜补习了"有余数的除法——笔算除法"的知识，让小煜想明白除数和余数的大小有什么关系，并让小煜在有的放矢的训练中，使基础知识的漏洞得到弥补。新课开始了，在"温故旧知"

第二章　育人师说·微光造梦

的环节中，我邀请小煜来黑板前完成他已经学会的"有余数的除法"的竖式计算，小煜很快在黑板上完成了计算。

"同学们，小煜做得对吗？"

"对！"同学们不约而同地竖起大拇指，向小煜投来赞赏的目光。

这时，小煜脸上露出满足的笑容，他在小伙伴面前实现了一次"自我价值"，能学好数学的信念就是从这里萌发的，小煜的学习进步也正是从这里开始的。

（2）发挥小煜的语言优势，在课堂上给予小煜充分表达的机会，使小煜获得成功的体验。

小煜较班里其他孩子的优势是语言能力和思维能力较强，遇到自己会的、懂的问题能畅所欲言，并且常常能说到点子上。新版的《聋校义务教育实验教科书》对学生的数学表达有一定要求，为此，在课堂上，我通过营造轻松的交流氛围，让学生想说、敢说，引导学生学习数学表达，从而促进学生思维的发展。事实上，数学表达对听觉、语言能力弱的学生而言是有一定难度的，他们往往很难意会教师提出的问题的真正含义，也很难对一个问题进行深入的思考，导致常常出现答非所问的情况。而小煜在数学表达上却能很好地发挥出他的优势——他的听觉、语言能力好，能及时、准确地理解对方的意思，并能清晰、流畅、准确地用口语表达出来。所以，在一些数学表达的讨论环节上，当孩子们想不出来、说不出来或答非所问时，我会鼓励小煜大胆发言，这样做，一方面让小煜在数学表达中获得了成功的体验，小煜解决问题和学习数学的自信心也会从中逐步增强；另一方面，也让同学们能够对小煜有更多的了解，对他产生良好的印象。

（3）组织合作式课堂体验活动，构建同伴互助模式，使小煜早日形成对新集体的归属感。

插班生都很想融入新的集体，但是因为害怕遭到别人的拒绝或非议而往往不敢主动交往。除了鼓励小煜主动与班里同学交往之外，我还经常将一些合作式的体验活动引入课堂。比如在学习"面积"这一课时，我用几张报纸拼接制作成一张一平方米大的大报纸，让班里的孩子尽可能多地站到大报纸上去，通过这项活动，让孩子们体验一平方米的面积最多可以容纳下多少名同学。班里年纪小的学生都很乐意，纷纷主动举手参加活动；小煜和几个高个子的男同学则觉得有点不好意思。这时，我主动走下讲台，鼓励小煜和另外几名男同学一起参加活动。最后，小煜和同学们一起站在这张大报纸上，大家在欢笑声中紧紧挨在一起，生怕把哪个同学从报纸上挤出来，小煜也从中体会到了同学们一起合作的快乐，和同学们一起沉浸在欢声笑语中。

"同伴互助教育指的是地位平等或学习能力相当的同学互相积极主动帮助和支援以获得知识和技能的学习过程，包括同伴指导、同伴示范、同伴合作、同伴监督等。"班里的小叶（化名）同学同样是从普通学校回流到聋哑学校的学生，年龄与小煜相仿。小叶从幼儿阶段开始接受康复训练，听觉、语言能力也不错，在不用借助手语的情况下，能够和小煜进行无障碍沟通。且小叶的妈妈是普通学校的教师，小叶在妈妈的用心教导下形成了良好的学习态度和学习习惯，基础知识掌握得较为扎实。因为小叶的年龄和小煜相仿，他们的经历也相似，二人既有类似的地方，也有互补之处，所以我让小煜和小叶组成同伴互助小组，以二人合作完成作业、互相监督学习、互相答疑、互相批改作业等方式进行同伴互助。一段时间下来，小煜的学习成绩进步了，小煜和小叶也成了无话不谈的好朋友，二人的性格也更加阳光、开朗。

四、案例反思

苏霍姆林斯基曾说过："没有不想成为好孩子的儿童。从儿童来校的第一天起，教师就应该善于发现并不断巩固和发展他身上所有的好的东西。"通过扬长教育和赏识教育，小煜在学习过程中建立了自信，驱走了内心的自卑，树立了自尊，获得了进步。作为特殊教育教师，要精心创设育人环境，满怀热情地爱护孩子们的自信心，竭尽全力地保护孩子们想学习、爱学习的愿望，把重新跃起再获成功的机遇献给特殊孩子们，帮助他们建立自信，走向成功。

参考文献：

[1] 王文娟. 随班就读特殊儿童学校欺负行为之研究 [D]. 重庆：重庆师范大学，2014.

第二章 育人师说·微光造梦

［2］孙道荣．如何帮助学生适应新环境［M］．长春：吉林文史出版社，2012.

［3］马云霞．小学心理健康教育中如何对留守独生子女开展同伴互助教育［J］．清风，2021（6）：29.

"乖乖女"成长记

汕头市特殊教育学校　陈冰纯

"陈老师，您什么时候把我的奖状和证书还给我？"下课后，小榆（化名）不好意思地问起前几天她被我借走的"宝贝们"。看着她腼腆而又阳光的笑脸，那一刻，我的内心不禁万分感慨。从事特教八年来，我一直坚信，每一个特殊孩子都是折翼的天使，都是一颗待浇灌的种子，我愿将我的耐心和爱心化作一缕阳光、一泽雨露，为这些特殊孩子带来快乐和希望。

一、厌学记

小榆是一名肢体重度残疾的学生，痉挛性脑瘫，全身肌张力高，不能自主行走。三年前刚认识小榆那会儿，她是班里最安静的学生，所有老师对她的印象都是"很乖，很听话"。常言道，暴风雨来临前总是特别安静的，果然没过多久，小榆的妈妈找到我："陈老师，小榆在家哭着闹着不愿来上学……"通过和家长、科任教师的沟通了解，我终于找到了小榆厌学的原因——害怕考试。而小榆害怕考试的原因有二：其一是书写慢，试卷写不完；其二是以前考试的成绩总是不理想，考试成绩成了她心里的一道坎。"病症"找到了，接下来就是找到对症下药的"药引子"。在向小榆的康复教师沟通的过程中，我了解到像小榆这种孩子由于上肢肌张力高，不能协调控制手部的力量，写字速度慢。这种情况，可以通过作业治疗训练手部精细动作来提高她手指和手腕部的控制力，但是作业治疗的训练很枯燥，这些孩子很难坚持，效果不明显，小榆就是这种情况。那段时间，我刚好在读《幼儿游戏理论》这本书，便想着能不能将游戏融入枯燥的康复训练中，从而提高小榆的学习兴趣以及康复效果。想法一出，我便和小榆的康复教师讨论，根据训练的目标设计有趣的教学环节。

表1　小榆的作业治疗个训方案

学生	小榆	时间	2018年10月
教学目标	1.提高学生手指的抓握能力。 2.训练学生穿系鞋带。 3.学习如何恰当地控制手部力量。 4.提高学生的注意力		
教学重难点	1.提高学生手指的抓握能力。 2.训练学生穿系鞋带。 3.学习如何恰当地控制手部力量		
教学准备	豆子、瓶子、筷子、手工制作的鞋子（9双）、糯米粉、盘子、夹子、一次性杯子、贴纸		
教学过程	一、课前热身——手指操 1.手腕训练——全家乐。 2.手腕、手掌训练——学英语。 3.手指训练——数五。 二、主题：我会帮忙 1.分拣豆子 用拇指、食指抓豆，将不同种类的豆子分拣到瓶子中，完成任务后给予奖励，夹夹子。 2.穿鞋带 将鞋带穿过鞋孔，并在教师的引导下尝试自己系鞋带（4孔到6孔进阶练习），完成任务后给予奖励，夹夹子。 3.搓汤圆 将面团搓成条形，分成若干小面团，搓成圆圆的汤圆。完成任务后给予奖励，夹夹子		

表2　小榆的作业治疗课堂记录表

项目\日期	10.15	10.16	10.17	10.18	10.19	…	11.05	11.06	11.07	11.08	11.09	…	11.26	11.27	11.28	11.29	11.30
豆子	10	10	12	13	15		24	23	24	25	25		30	32	32	33	33
汤圆	5	5	6	7	7		12	12	12	12	13		19	18	20	21	21
积木	6	6	6	6	7		11	12	12	14	14		18	18	19	21	21
鞋带	4孔	4孔	4孔	4孔	4孔		4孔	6孔	6孔	6孔	6孔		8孔	8孔	8孔	8孔	8孔
直线	20	20	21	22	22		25	27	26	28	28		32	35	34	34	34
曲线	10	10	10	10	11		16	18	18	18	18		22	23	23	24	24
圆圈	8	8	7	8	9		11	11	11	11	11		14	15	15	15	15
方形	5	6	6	7	7		10	10	10	10	10		12	13	14	14	14
汉字	2	3	4	3	4		8	9	9	9	9		15	15	15	15	15

　　在实施教学计划时，我留心观察小榆的操作过程，并做好课堂记录表，根据教学中出现的问题及时调整，做到因材施教、个别化教学。此外，在教学过程中，我通过聊天的方式和小榆分享学习的经验，告诉她学习的最终目的不是取得成绩，而是学会做人做事的道理，读书是为了明理，提升自己，不要太在意成绩。通过多次访谈后，小榆渐渐打开心结，重拾学习的热情。

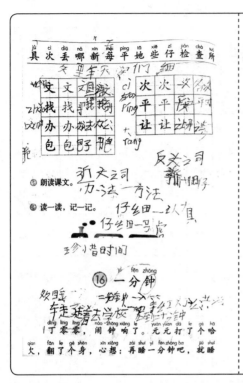

图1 小榆的课堂笔记

二、叛逆记

一天早上，我刚走出办公室，就看到小榆妈妈在楼梯口擦眼泪，我询问后才知道是小榆把妈妈给气哭的。最近，小榆经常赖床，天天迟到。因为这件事，小榆妈妈没少头疼，教育过程中少不了对小榆打骂。那天，小榆听着妈妈的责骂，不耐烦地对着妈妈大声喊："都是你的错，是你害我变成这样的，我不要你做我的妈妈，你就是个坏女人。"小榆妈妈怎么也没想到自己在孩子心目中的形象是如此，多年来陪读的辛酸一起涌上心头，孩子的话如针一般扎在她的心坎上。听了小榆妈妈的诉说，我也认识到了问题的严重性。这段时间，小榆的自律性较差，有时没完成作业，对长辈的态度较傲慢，尤其是对母亲的管教明显不耐烦。

我们班的孩子都是有肢体残疾和听力障碍残疾的学生，因为本身身体的特殊性，父母多少会比较宠溺，有些孩子缺乏感恩之心，把父母的爱、老师的爱当成理所当然的事情，"感谢"二字更难开口表达。于是我决定把小榆这次事件作为一个契机，在班会上对班里的孩子们进行一下感恩教育。通过组织学生聆听、观看与感恩主题相关的故事、视频、图片，参与互动小游戏使同学们通过这节课，更加深刻地了解到父母的辛苦付出，也在分享环节表达了自己对父母的感恩之情。

此外，针对小榆的迟到问题，我同小榆及小榆的妈妈签订了一个行为契约。行为契约指的是一份特殊的合同，这份合同对特定行为完成与特定奖励物（比如休息的时间、某种喜欢的活动等）的获得与发放两者之间的关系进行了约定。

小榆的行为契约

学生：小榆　　日期：

今天，我同意遵守下述规则：
1. 每天坚持准时上学，不迟到。
2. 每天按时完成作业。
3. 在与长辈说话的时候，我将使用礼貌用语。
我会遵守上述所有原则，即使在我闹情绪的时候。
如果我遵循这些规则，每天我都可以获得一颗星星。
如果我没有遵循这些规则，当天，我会被扣掉一颗星星。
每个周末，妈妈会进行一个统计，如果得到十颗小星星，我就可以获得一个小礼物或者一个小心愿。

契约人签名：
家长签名：
见证人签名：
日期：
备注：本契约每两周签订1次。

在执行契约的过程中，小榆大部分时间能完成契约内容，虽然偶尔还会闹情绪，但是迟到次数越来越少，作业基本按时完成，最近还喜欢上了阅读课外书。

"合抱之木，生于毫末；九层之台，起于累土。"孩子的教育离不开家庭，家庭是教育最初的摇篮，家庭教育贯串于教育的开始和基础，家庭教

第二章　育人师说·微光造梦

育影响着孩子未来的生活。俗话说：爱之深，责之切。在这次"迟到"风波中，我也看到了小榆妈妈对小榆的教育方式过于严厉，特别是对处在叛逆期的小榆，妈妈的教育方式还是直接打骂，显然这种方法是行不通的。于是，我找到小榆妈妈，和她分析了小榆行为异常的原因，并告诉她：孩子的成长离不开家庭，离不开父母的教育和陪伴，良好的家庭教育环境有助于特殊孩子的心理健康成长。在与我沟通交流后，小榆妈妈改变了对小榆的教育方式，配合行为契约的内容共同监督和教育小榆，为小榆的改变提供基础保障。

三、蜕变记

由于身体残疾的原因，小榆无法像普通孩子一样在跑道上奔跑、在操场上跳绳、在舞台上跳舞，她缺少一个展现自己的平台，当她看到别的孩子在阳光下、在舞台上快乐自信的身影，我看到小榆眼里的渴望以及内心的向往。

小榆属于黏液质性格，这种类型的人自制力强，做任务时很少受其他人的影响；开心时会安静地笑，不开心时会半天心情不好；上什么课注意力都会很集中，很少受到别人的干扰；学习能力较强，坚持性也很好。相应地，他们不太善于社交，对于陌生环境的适应较慢，不轻易表达自己的想法，表情变化较少，情感含蓄。根据小榆的性格特点，我一直在寻找能让这个"乖乖女"动起来的法子。在一次语文课堂的分角色朗读过程中，我发现小榆的声音特别有感染力，朗读课文时的感情饱满，音准和音色有很强的可塑性，于是，我在课堂教学时会适时地创造一些机会，让小榆领读或者单独朗读课文，增强她的自信心，鼓励她勇于展现自己，挑战自己。

去年，学校举办校园朗诵比赛的时候，一向腼腆的小榆请缨，报名参赛，我欣喜于她的进步，并尽心地辅导她。最终，这个默默无闻的小丫头一战成名，她用稚嫩而又活泼的声音给大家描绘着彩色的梦，并获得一等奖。自信心是提高学生学习效率的"催化剂"，是学生克服困难、勇往直前的一大法宝。经过不懈的努力，总算是找到了让这个"乖乖女"动起来的法子。渐渐地，小榆变得开朗了，脸上露出了自信的笑容，她开始尝试唱歌、写作。我知道，一颗自信的种子已在她的心里悄然发芽，她已经完成了自己的第一次蜕变。

四、后记

孩子的进步和成长是为人师的成就，多年的教育教学实践证明，要做一名真正合格的特教人不容易，一定要有爱心、耐心、责任心，"路漫漫其修远兮，吾将上下而求索"，我愿陪伴这些孩子去放飞教育的梦想，和孩子们携手进步，共同成长，同孩子们一起去迎接美好的明天。我深信普通教育培养的是明天的希望、祖国的花朵，但特殊教育同样也能擎起一片蓝天、一弯明月。

英语词汇教学的个案研究

——基于对听障学生小思的认知及心理特点的分析

汕头市聋哑学校　许艺龄

如今，英语在经济、文化、科技等领域都扮演着不可或缺的角色，英语教学在我国学校教育中早已得到普及。作为特殊群体，听障学生享有平等接受教育的权利，且随着社会的不断发展，他们也面临着更多的机遇。学习和掌握英语对他们未来的发展大有帮助。然而，对于听障学生来说，学习汉语已不容易，掌握英语更是困难重重。词汇是英语教学的基础，但由于听障生在认知、心理、注意、思维等方面不同于健听学生，且这些因素在很大程度上制约了听障学生英语词汇学习的效果，因此对于听障英语教学来说，词汇既是重难点，也是突破口。

一、研究背景

（一）聋校英语词汇教学现状及重要性

目前，聋校英语词汇教学主要存在以下问题：第一，英语词汇教学的观念落后，听障英语教学往往忽略了学生的主体地位，普遍使用"填鸭式"的教学方法，很多学生视英语为"需要死记硬背的字母组合"；第二，英语词汇普遍存在教学资源匮乏的问题，听障英语教学资源以普校教材为主，而这些教材对听障学生来说难度过高，导致对英语词汇的掌握情况不理想；第三，英语词汇教学方法单一，部分教师缺乏运用多媒体手段提高词汇教学效果的意识与能力，多数教师运用课件辅助教学，但大多数课件往往与学生的学习匹配度不高。

由于英语词汇量匮乏直接影响着学生英语听、说、读、写能力的发展，因此，听障英语词汇教学的重要性日益突出。对于听障学生来说，受听力表达障碍及认知特点的影响，听障英语的教学目标主要是提高认、拼、读、写的能力，为此，掌握一定的英语词汇对听障学生来说尤为重要；此外，词汇是英语学习的敲门砖，如果没学好，则会直接影响他们的英语学习兴趣和信心。可见，词汇是教师提高英语教学效果和学生英语综合能力的重中之重。

（二）听障学生的认知心理特点

在记忆方面，听障生的视觉短时记忆能力较健听学生差，以形象记忆为主。在注意方面，鲜明的颜色、生动的形象、突然出现的事物都会引起听觉障碍学生的无意注意，但是依靠无意注意容易视觉疲劳，注意力持续时间不长，有意注意稳定性较差。在心理方面，听障学生常表现出消极心理，如低自尊、悲观、不顺从、焦虑、缺乏独立性与创造性等。

（三）听障学生的认知心理特点对英语词汇教学的影响

听障学生的认知心理特点对教师开展英语词汇教学有以下几个方面的不利影响：第一，由于听障学生抽象记忆能力较弱，因此他们在记忆单词时仅能依靠字母组合记忆，在识记单词时无法浮现形象画面；第二，由于学生注意稳定性差，在课堂听讲上往往无法认真专注，久而久之，会影响他们学英语的兴趣；第三，多数听障学生因为自身生理缺陷，害怕读音不标准、不规范，所以怯于开口说英语。

二、研究对象分析

本文以本班学生小思为例，期望通过分析其具体表现和相应的成因，探讨对应的教育教学策略。

（一）情况介绍

小思（化名），女，16岁，2005年出生，就读于聋校六年级。小思的老家在揭阳市，在其1岁的时候，家长发现她有重度听力障碍，通过骨导听力，有残余听力，尤其右耳在500、1000、2000Hz，可以达到60dB。通过佩戴助听器进行科学干预后，获得一定的听力补偿效果，但是发声声音较小，声带僵硬。

小思的家庭情况较为特殊，在她3岁后，父母离异，此后一直由祖母抚养长大。在其成长经历中，父母严重缺位，原生家庭破坏严重，父母的离异一直是小思心中的阴霾。但是由于祖母监护得力，她与祖母较为亲近，虽然平常的沟通不如正常人顺畅，但简单的交流还是不成问题的。由于家离学校路途较远，因此小思在学校住宿，但她自理能力较差，经常需要生活教师的指导和帮助，小思的祖母对她在学校的学习生活始终不太放心。

由于小思缺乏父母及其他亲人的关爱，加上自身听力缺陷，因此较容易产生自卑、孤独等消极情绪。小思8～12岁在当地普通小学就读，因为听力问题，经常受到同学的嘲笑和冷暴力，学校的融合情况较差，未能满足听障学生的特殊需求，教师更倾向于关注成绩，对小思未能给予更多的指导和帮助，导致小思跟不上学习进度，变得更加悲观和不自信了。

在小思12岁时，她的祖母通过亲戚介绍带她来到聋哑学校就读。一开始，小思不能打开心扉，非常抗拒与教师、同学交流，一与人有眼神交流，就马上闪躲。后来，在各科任教师、心理教师和班级同学的影响和帮助下，情况才有所好转，在教师的指导下，小思能与他人做简单的交流。

但是，上课时，小思经常注意力不集中，双目无神，有时候被科任教师点名起来回答问题，她完全不知道教师问的问题是什么，一节课至少需要提醒三次，她才能比较专注地听课。我在做个别抽查和听写时，也发现了她对单词的掌握情况很不理想。经过观察，我发现她记忆单词的方式只是单纯依赖机械记忆，即用手语拼背字母组合，而从不开口，遇到比较长的单词时，她经常对我说："老师，这个单词实在是太难了，我背不下去了。"平时小思对英语课提不起兴趣，极少主动复习英语，除了应付听写、抽查和考试。由于学习方法不科学，她的成绩不是很理想。

（二）主要表现

（1）学习行为方面。小思对学习英语的兴趣不高，缺乏信心和求知欲。课堂中经常出现不够专注等情况，需要教师频繁提醒。能自觉完成英语作业，但是正确率不高，对单词的掌握不够扎实。平时的学习不及其他学生用功，但是一到考试时就经常"临时抱佛脚"，拿着台灯在宿舍熄灯时间后背诵复习。

（2）听力表达方面。小思的听障程度不严重，在教师的引导下，能够拼读简单的单词，但是一遇到比较复杂的词汇短语或者包含主谓宾的简单句子时，小思就觉得力不从心了，对特殊疑问句、一般疑问句的掌握情况更是糟糕，甚至对句子的中文释义都一知半解。

（3）其他行为方面。小思的身体状况较差，在学校经常感冒、咳嗽，经常往校医室跑。她的性格比较自卑、怯懦，说话不敢直视同学，当遇到困难时，常表现出消极心理，容易退缩。她情绪也不稳定，一遇到挫折或者与他人相处有矛盾的情况就哭闹不停。

（三）问题成因分析

1. 心理因素

小思自身的听力障碍，影响到了她的生活方式与人际交往，导致她性格比较孤僻。加上她之前在普校的经历，在那里经常受到同学的嘲笑、老师的批评，久而久之产生了挫败感，常表现出自卑心理，这也造成了她一时很难对他人完全打开心扉，与同伴的交流也只局限于"别人询问，她回答"，不会主动与人聊天。即便教师利用各种方法对她进行引导，但她遇到问题时仍然不敢表露出"异常"，形成了固化的英语学习思维。

2. 家庭因素

小思小时候父母离异，一直由祖母抚养长大，成长过程中父母的长期缺席让她的内心充满了失落和孤单，容易产生自卑感、被遗弃感、怨恨感，造成她与人交往相处能力的下降，结伴难度的增大，心灵上的创伤有长时间的持续性，难以平息和恢复。虽然她与祖母的关系好，但是祖母的文化程度较低，教育理念和方式也比较落后，未能对她进行科学的教育培养。

3. 内在因素

小思的听障程度不严重，学习能力也不差。但是她对学习缺乏求知欲，对英语更是不感兴趣，一直以来不能有效利用语音编码识记单词，单靠手语机械识记单词，单一的学习手段导致学习过程枯燥乏味，在平常的考试和做题中也常出现粗心马虎的状况。受到学习能力和辨识能力的限制，往往很难在较短的时间内掌握单词、语法、句型等重难点内容。她由于入学时间短，手语水平较差，往往无法更好地表达自己的意见和看法，因此在学习上往往一遇到困难就退缩，缺乏进取心，上课不够专注，自控力弱。

三、采取的教育教学策略

作为一名从事听障学生英语教育的教师，我必须采取行之有效的教育教学策略，推动全班学生英语成绩的进步，关注后进生的学习情况，营造和谐有趣的英语学习氛围。

（一）推动英语趣味教学，调动学生学习兴趣

在教学过程中，我会充分考虑听障学生的形象记忆能力较强的优势，将复杂的英语单词转化为更加直观的图片或动画。例如，在上《介词on/in/under》这一课时，我没有要求学生死记硬背这三个介词的中文意思，而是将"on——在……的上面""in——在……的里面""under——在……的下面"转化为三个手势动作，播放由本人录制的手势操，视频播放完毕后展示三个具体的动作，让学生跟着老师的节奏做动作参与到课堂中，并逐渐加快速度，让全班学生踊跃参与到课堂中。我也在这个过程中注意到，包括小思在内的很多同学通过"动作"记忆比仅靠字母组合机械记忆效率高多了，他们对这几个单词都掌握得很好。

图1 手势操"on/in/under"

我还会收集一些图片、动画、视频等素材，将其制作成教学课件，为学生构建集趣味性和多样性于一体的英语手语教学情境，以此为切入点引导学生进行词汇教学。如在教授"Boy and Girl"这一课时，我用视频动画引入情境，带领学生"打怪升级"，通过分类图片，用情境教学法，让学生以"挖掘宝藏"为目的，在练习中操练句型、单词，同时增加课堂的趣味性。在这节课上，连一向沉默寡言的小思也开始踊跃发言。

图2　情境教学法：挖宝藏

此外，我还根据听障学生的认知特点，对英语各单元的内容顺序和教学排序进行有效调整，根据听障学生的思维规律增加英语各单元知识和话题的联系，再进一步引导学生学习具体的英语知识。例如，在普校的英语课本中"季节"出现在PEP英语课本五年级下册，而"天气"则出现在PEP英语课本四年级下册，我将这两个单元的内容合二为一，既提高了教学效率，又增强了知识之间的联系。

（二）开展词汇单人训练，制订词汇学习计划

根据小思上课容易走神、学习态度不够端正、学英语时"怯于开口"等相关情况，作为其英语教师，我对她进行了有针对性的词汇语音单人训练，并为其制订专属词汇学习计划。

在词汇单人训练时，小思经常苦恼于自己言语不流畅、语音语调奇怪等问题。基于小思听力受损程度不是很严重，我认为她构音和发音不清晰的问题可以通过多次重复、纠正来解决，多次的训练结果也证明了我的想法是对的。例如，小思的/p/和/t/的清辅音发音不够清晰且无法辨别，我除了指导她的发音方式之外，还让她仔细听我的发音振动方式，让她辨认/p/和/t/，这样做不仅有针对性地解决了她的发音问题，还让她的注意力变得更加集中。接着，我为她列举了很多包含/p/和/t/的词汇，通过举一反三，让她在学发音的同时，牢牢掌握了单词及其发音规律，这对听障学生学习英语是至关重要的。

此外，我还为小思制订了学习计划，因为小思的课堂听讲效果不是特别好，但其实她的学习能力并不差，所以课后的指导成效不错。课后，我给她

布置了比较有趣的学习任务，如根据图片写单词或制作“timetable”等，并在她完成任务后及时跟进和检查，确保每一次任务都能让她有所收获。此外，我还督促并指导她整理每单元的笔记，自主地整理所学知识，这样既有助于她回顾复习本单元的重难点，又能帮助她建立知识脉络，形成自己的学习思维导图。

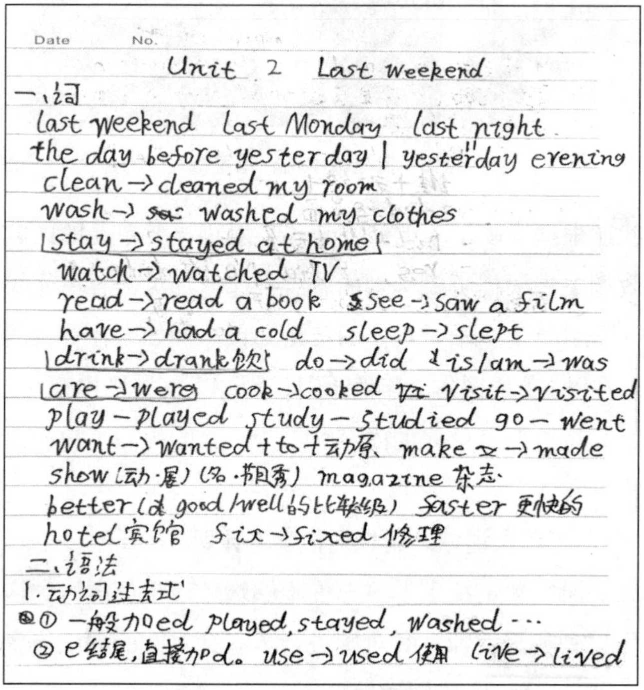
Date No.
Unit 2 Last weekend
一、词
last weekend last Monday last night
the day before yesterday | yesterday evening
clean → cleaned my room
wash → washed my clothes
stay → stayed at home
watch → watched TV
read → read a book see → saw a film
have → had a cold sleep → slept
drink → drank 饮 do → did is/am → was
are → were cook → cooked visit → visited
play — played study — studied go — went
want → wanted + to + 动原 make → made
show (动·展) (名·节目秀) magazine 杂志
better (good/well的比较级) faster 更快的
hotel 宾馆 fix → fixed 修理
二、语法
1. 动词过去式
① 一般加ed played, stayed, washed …
② e结尾，直接加d。use → used 使用 live → lived

图3 小思整理的单元笔记

（三）培养良好的英语学习习惯，树立信心

针对小思自卑、怯懦的性格特点，我因材施教，在教育教学的过程中引导她克服这些消极心理，树立信心，培养良好的学习习惯。

小思的爱好是画画，课后，她参加了我校的绘画才艺班，而且她的绘画水平很不错。于是我让她利用课余时间为同学们制作单词卡片，并将这些单词卡运用于课堂教学中。小思看到自己的“作品”为老师和同学们所喜欢，自然很开心，且能专注于课堂听讲了。

另外，我还让小思当上了班里的英语课代表，负责收、发全班的英语作业和课前的带读。她在班干部工作中逐渐树立起了信心，也变得更开朗了。

四、教育教学效果

通过一年多的努力，小思在各方面都取得了很大进步。她上课能够集中精神听讲了，性格也逐渐变得开朗起来，愿意主动和班上的同学说话，能够自信地用手语辅以口语背单词了，英语成绩也有了明显提高。

通过本个案的研究与分析，我发现教师要对听障学生和英语教学进行深入而透彻的了解，将听障学生作为课堂主体，制订具有较高科学性和趣味性的听障学生英语教学方案，引导学生进行相关英语知识的学习。

今后，我将全面加强对不同层次学生的关注，根据学生的实际学习能力和听力表达水平安排多样化的英语学习任务，为学生提供更丰富的学习渠道和平台。

找准突破口，带动全面发展

——对一名孤独症儿童进行感觉统合训练的个案研究

汕头市特殊教育学校　张起芳

一、个案基本情况

小星（化名），男，9岁，精神类残疾一级，去年9月入读我校，经过入学评估，他被分到我带的班上。和其他学生比起来，小星各方面能力都很弱，其认知能力低下，不会指认常见物品，不会认颜色、形状、数字，不会简单的配对分类；无语言，在日常生活中，妈妈靠经验猜测他的意图；精细动作非常差，双手不能准确地捏取物体，不会搭积木，不会玩拼插玩具，不会拿笔；看到玩具教具不敢尝试操作；不听指令，不懂规则和秩序，上课经常离开座位；走路会碰撞到桌椅和旁人，不和其他同学一起玩……唯一算得上"优点"的只有"情绪稳定"了。小星从没有哭闹、喊叫过，也没有表现过开心或生气的样子，似乎每天都是一样的面无表情，很少主动去做什么，上课就是被妈妈按在椅子上，扭头看来看去，对上课内容不做任何反应，如果教师想辅助做律动或玩玩具，他会全身僵硬，呆住不动。小星不会自己穿衣、吃饭、喝水，明明看起来是个肢体健康的孩子，却生活不能自理，要依赖妈妈。

二、案例分析

小星入学快一个月了，情况依然没有好转，我看在眼里，急在心上，迫切地想找到办法改变现状。根据日常观察以及与小星妈妈沟通，我认为导致小星各方面能力低下主要有以下两个原因。

首先，家庭方面。小星的家在一个偏僻落后的农村，是村里的低保户，父母文化程度低，没送他上过幼儿园。小星4岁时还不会说话，也不和其他小朋友玩，家里人认为他长大就好了。等到小星上小学时学校拒收，并建议去医院检查，小星妈妈才在当地居委会的帮助下带小星去医院做了诊断，最终确诊小星为极重度孤独症。小星的家人对孤独症一无所知，也不知道应该及时进行康复干预，生活中就是照顾小星的吃喝拉撒，基本没有启蒙教育，更谈不上掌握什么家庭教育方法。闭塞的乡村环境、无知的父母、拮据的生活条件，使小星错过了最佳干预期。有研究表明，孤独症儿童康复训练越早，干预效果越好，一般认为，6岁以前是康复训练的黄金期，要早发现、早干预、早训练，积极的康复治疗能有效改善患儿的认知水平和问题行为，6岁以前没有经过干预训练的孩子往往预后较差。

其次，心理方面。进入学校后，周围环境与原先的生活环境大不相同，不管是黑板、楼房、电梯，还是上课、教师、规则，对小星来说都是陌生的。小星像突然进入城市的原始人，什么都没见过，什么都好奇，又什么都害怕，大量的新信息突然涌入，使他既亢奋，又焦虑紧张，无所适从。普通儿童刚开始校园生活也容易出现种种情绪和行为问题，孤独症儿童由于表达和沟通障碍，在新环境中更难适应。

三、教育策略

（一）以感统游戏为突破口，带动全面发展

在上课过程中，我发现小星唯一能够参与的一门课是我的感统训练课，虽然他动作笨拙，但能明显看得出他对五颜六色的感统器材感兴趣，能集中注意力看我示范，会主动走过来碰碰器材，当我牵着他的手走独木桥时，他也不会反抗。小星之所以喜欢待在感统训练室，可能这里柔软的防护墙壁和地垫使人感觉很舒服，有大大小小的球，有滑梯，有"秋千"，就像个小游乐场。爱玩是孩子的天性，不管是普通孩子，还是孤独症孩子，在游乐场面前都会开心起来，想进来玩。

看着小星在感统课上的表现，我灵光一闪，想到开学初给他做过的一份感觉统合能力评估，评估结果显示小星重度感统失调。感统失调必然会导致

小星注意力不集中、行动笨拙、学习能力低下，问题行为频发。只要进行有针对性的感统训练，提高感觉统合能力，小星各方面的问题一定会改善。小星的教育突破口找到了，那就是感统游戏。以游戏的形式开展感统训练，设计活泼有趣的训练活动，激发小星参与训练的主动性和积极性，在游戏中与教师建立信任关系，改善前庭功能、触觉防御和本体感失调，在游戏中了解指令和秩序，提高模仿能力，再慢慢迁移到其他课上，最终使其融入学校生活。

按照学校的课程安排，小星每周可以上三节感统训练集体课。为了训练强度，我给小星开了"小灶"，利用下午放学后的时间给小星补两次个训课，课上也安排感统训练的内容，这样能保证小星每天都可以进行训练。

开学初，我曾使用儿童感觉统合能力发展评定量表对小星进行了测评，根据评估结果，结合小星个人能力和班级学期教学计划，我为小星制订了感觉统合训练计划表。表1为2020年10月计划。

表1　感觉统合训练计划表

学生	小星	辅课	小星妈妈	时间	2020年10月	地点	感统训练室
	长期目标（学期目标）		短期目标（月目标）		训练项目	家长配合要点	
前庭功能	上课能安坐，注意力集中时长达到5分钟；行动较灵活，独立行走不磕碰，能自己去厕所；能双手较协调地涂画		每节课离开座位次数少于5次，逐渐减少；能在辅助下操作玩具教具，不乱扔，能在辅助下使用感统训练器材		滑梯、吊缆、大陀螺、羊角球、趴地推球、踩踏车	放学后带孩子到学校的休闲区，利用健身器材和儿童游乐器材，玩旋转游戏、滑梯	
触觉防御	上课能和教师互动，愿意接受教师的辅助；能主动和老师、同学挥手打招呼；能和同学做集体游戏		接受球类游戏；能在辅助下挥手和老师问好、再见；能和同学拉手排队		万象组合、大龙球、按摩球、球池游戏	每天洗完澡后用毛巾、刷子、球类、玩具车等不同质感的物品在孩子手脚、四肢或颈部、后背等部位刷一刷、压一压，给予其不同轻重的触觉刺激。适当拥抱孩子，玩挤压游戏	

学生	小星	辅课	小星妈妈	时间	2020年10月	地点	感统训练室
	长期目标 （学期目标）		短期目标 （月目标）		训练项目	家长配合要点	
本体感	会独立上下楼梯；会自己用勺子吃饭，用吸管水壶喝水；能自己穿脱校服外套；能双手协调地搭大块积木块		会双脚跳，能连续向前跳3次；能在辅助下蹦床跳高20次；能独立爬高2米；能连续拍球5个以上；愿意尝试自己喝水、吃饭		蹦床、平衡木、吊桥、攀爬架、翻滚、钻爬、袋鼠跳、投掷	每天早上，家长带孩子到操场跑步，和孩子玩抛接球、举高、捉迷藏游戏。给孩子自己穿衣、吃饭的机会	
学习能力	能听懂简单指令如"起立""坐下""指一指""举手""排队"等；知道上课要听讲，遵守课堂秩序；主动模仿行为增多，参与课堂逐渐增多		上课听到"起立""坐下"时，能在辅助下完成相应动作；能注视教师，在辅助下模仿教师的教学示范		"请你跟我这样做"游戏，上课常规强化	给予孩子简单明确的指令引导	

每次课根据计划表选择相应的器材进行训练，集体课上兼顾其他学生，采用多器材综合训练，个训课一般进行专项训练，每天保质保量地完成训练任务。在课上，我会设计不同的游戏，促使小星产生兴趣，主动参与。如钻爬训练，我制作了兔妈妈和兔宝宝头饰，玩兔宝宝钻山洞，妈妈先爬过拱形器材，在另一侧呼唤宝宝，小兔子爬过山洞去找妈妈；大滑梯训练，我们扮演小飞机，比比谁飞得远；触觉训练，玩大龙球躲猫猫，被发现了就会受到大龙球的挤压。此外，还有小乌龟运球、一二三木头人、打地鼠等，把儿童喜欢的游戏和感统器材的使用结合起来，增强其趣味性。每次小星按指令完成训练项目后，我会马上奖励其小零食，及时强化。

在感统训练课越来越顺利的同时，小星在其他课上的表现依然与刚开学时一样，几乎完全不能融入。我想，小星需要更多的时间适应学校生活。多名陌生的教师，不同的课程内容，提出的不同要求，对小星来说信息量太大，暂时处理不了，反而让他更害怕、不安，应该留给小星更多的观察时

第二章 育人师说·微光造梦

间，观察老师和同学怎么做，观察上课是怎么回事，给他充足的时间放下心中戒备，直到对整个环境有了安全感。与其他科任教师和小星妈妈沟通后，我们决定每天要坚持来上课，做好上课常规，如果他不想参与上课，就先让他看，看其他同学怎么做，如果他有主动参与的意愿更好，没有也不必刻意过多关注，避免引发他的紧张。

（二）携手家长，形成教育合力

家长是孩子能量的源泉，是孩子的直接照顾者和长期接触者，想要孩子有进步，家长的作用不容小觑。小星妈妈作为新生家长，全天在学校陪读，于是我有很多机会与她沟通。每天我都和她聊聊，或了解小星的情况，或向她讲讲为什么要学这些内容、进行这些活动对孩子有什么意义，提出家庭配合的建议。我还会向她普及孤独症知识和科学育儿理念，教她利用生活中常见的物品让孩子进行练习。比如，快递包装用的泡泡纸，一个个捏破能锻炼孩子手指的力量和灵活性，是很好的精细动作练习；每天回家时开锁是手眼协调练习；用袜子和鞋可以练习配对；走楼梯时可以练习数数；洗澡后和睡觉前可以进行抚触按摩；走又长又直的小路边沿和走感统室里的平衡木一样可以锻炼平衡能力……此外，我还关注着各类有关特殊儿童讲座和活动的信息，有合适的便告诉小星妈妈，鼓励她参加，多了解一些专业知识，开阔眼界。在学校里，我请班里几位年轻的家长多关照小星妈妈，周末有小聚会或外出游玩活动时邀请小星妈妈一起参加，使她对学校、对班级更有归属感。

小星妈妈很配合，很快和其他家长成为朋友，性格也变得更开朗了。平时不仅按照我说的方法带孩子学习，还经常向我反馈小星在家里的表现。有一次，她带着不可思议的表情和我说："老师，没想到捏泡泡纸能让小星坐一下午！他不停地捏啊捏，捏得很开心，他从来没有做一件事这么认真过！"她语气里的欣喜让我感到浑身充满了力量。

四、教育效果

从10月开始针对性感统训练，一直到放寒假，经过四个月的训练，小星的变化很明显。在感统课上，他的配合度越来越高，能完成的训练项目越来越多。他会模仿我的动作，从开始不会向前跳到慢慢地能跳两三次；从不会跳高到能跳上一个台阶；从害怕彩虹山洞到能快速爬过去；从不敢尝试吊缆到能主动完成规定旋转、摇晃次数不想下来；平衡木走得越来越稳，能独立走吊桥，在使用万象组合时，身体越来越灵活。每节课完成全部训练活动后，我会配合以舒缓的音乐，用大龙球帮小星进行全身放松按摩，刚开始，小星会双脚蜷缩，全身僵硬，球一接触到他的身体他就想躲开。慢慢地，他能全身放松下来享受按摩，还会主动抬手拍球与我互动。学期末，我再次用《儿童感觉统合能力发展评定量表》对小星进行测评，得到的数据和学期初对比，各项分数都有所提高（见表2）。

表2　小星感觉统合能力各领域分值变化表

		前庭功能	触觉防御	本体感	学习能力
前测	原始分	32	55	18	8
	标准分	17	19	10	10
后测	原始分	39	65	27	13
	标准分	26	29	14	15

　　由上表数据可以看出，小星初始的感觉统合能力失调情况比较严重，标准分都小于20分，属于重度失调。训练后，小星的各领域功能均有较显著改善，其中前庭功能和触觉防御两项的标准分分别提高了9分和10分，由重度失调改善为中度失调。图1为小星在独立走吊桥。

图1　小星独立走吊桥

随着感觉统合能力的提高，小星的理解能力、模仿能力、肢体力量、身体协调能力、生活自理能力等都有不同程度的提高，精神面貌也与之前大不相同。每天他早早来学校上课，眉眼带笑，神采奕奕，也把感统训练过程中形成的好习惯带到了其他课上。到了学期末，他对上课内容比以前感兴趣，上课时老师点名会举手，知道上课时不能到处走动，能安坐一整节课；能跟着音乐节奏拍手和摇晃身体；能集中注意力用粗笔涂画3分钟以上；能在妈妈的辅助下操作嵌板、积木、拧螺丝等玩具教具。平时看到我时会主动走过来，看着我笑一下，放学时知道挥手表示再见；能自己上下楼梯；独立喝水很熟练，虽然自己吃饭会洒一些，但已经愿意自己吃完整餐。图2为小星在操作绕珠。

图2　小星操作绕珠

在取得这些进步的同时，小星还有其他一些方面需要继续改善提高，如精细动作、认知水平、专注时长、与其他教师和同学的交流互动等。我会持续跟进，为他制订个别化教育计划，充分发挥感觉统合训练的作用，促使小星得到全方面提升。

五、教育感悟

寒假快要到了，我买了一个指力器送给小星，告诉他在家要每天使用，让手指变得更有力、更灵活。他看着我的眼睛，认真地点了一下头，然后走过来依偎在我身旁。这是他在学校第一次主动接近妈妈以外的人，我轻轻地拥抱这个瘦弱的小生命，我想，我是被爱被信任的，我走进了小星的世界。那一刻，我感到无比幸福。

在学校里，公认最难教的是孤独症学生，在我们孤独症部，最让大家头疼的是重度孤独症学生。三年前，我接手了大家都不愿意带的重度班，记不清有多少次被学生抓伤咬伤，记不清翻了多少资料、试了多少方法，记不清有多少次重复教很多遍但学生还是不会，记不清有多少次与家长沟通却被告知"老师不用这么认真吧，没用的"。我失望过，流泪过，体会过什么是深深的无力感。但是，我从未放弃，只要学生有一点点进步，那么一切付出就都是值得的，哪怕只是一个依偎的动作，都会给我以无穷的力量。德国著名哲学家雅斯贝尔斯说过："教育的本质是一棵树摇动另一棵树，一朵云推动另一朵云，一个灵魂唤醒另一个灵魂。"我相信，每一个孤独症儿童身上都蕴藏着巨大的潜力，只要用心寻找，就一定能找到一个突破口，让我们进入他们的世界，帮助他们全面发展，从而使他们更好地适应生活、融入社会。

打开你的世界

—— 一例自闭症的个案分析

汕头市潮阳区培智学校　张晓玫

一、个案介绍

轩轩（化名）是个很可爱的小男孩，他在去年10月进入我校培智八班，是一名非常典型的无语言自闭症儿童。[①]他的认知能力非常差，典型表现在他听不懂绝大部分简单或复杂的指令，比如，当教师面对面对他说"坐下"时，他会不知所措地看着教师。轩轩还有许多让教师头疼的行为认知问题。比如，他没有唤名反应，不知道教师们叫"轩轩"是在喊他；他很害怕人群，当教室里人多时，他会害怕地躲避，远离教室，不敢靠近；偶尔吃完午饭要去归还餐盘时，如果他面前有不熟悉的人，他宁愿绕一大圈去归还餐盘；他还很害怕与人触摸，也很害怕陌生的事物，当教师出示新的教具，他也总是会躲避。除此之外，轩轩的手部运动非常不灵活，手部肌肉无力，许多非常基本的生活自理都无法做到，比如说拧开或者拧紧水杯、穿鞋子，而像握笔涂画写字这样高难的事情就更无法做到了。

二、个案分析

轩轩有许多或轻或重的问题，这其中必然有自闭症本身带来的问题，但

---

① 自闭症：又称孤独症，被归类为一种由神经系统失调导致的发育障碍，是一种以社交能力的缺失和沟通技能的损害以及刻板的行为、兴趣和活动为特征的精神疾病。

也有许多非自闭症带来的问题在轩轩身上表现得很严重。也就是说，对比班上其他自闭症学生，轩轩的许多问题是他所独有的。于是在他来到培智八班之后，我花费许多精力去观察他在校一日活动的表现，同时积极和轩轩家人进行沟通，慢慢总结出轩轩存在这么多问题的最大影响因素是家庭。

平时轩轩都是爷爷奶奶在照顾，妈妈爸爸忙于工作，很少关注、照顾轩轩，也很少花时间去了解自闭症的相关干预知识。家人几乎什么都包办了，轩轩在家只需要负责攥着勺子吃饭就可以了，这是家人的溺爱，也是为了避免轩轩给他们带来不必要的麻烦。此外，我从轩轩爷爷那里得知，轩轩父母空闲时也多是关注自身的娱乐活动，很少和孩子进行互动玩耍，而带孩子去外面玩就更少了。诚然，这其中有轩轩是自闭症儿童，难以与人互动的原因，但父母的忽略和包办无疑是轩轩出现许多问题的罪魁祸首。如果轩轩父母能够多花些时间在轩轩身上，愿意多去了解自闭症，从轩轩更小的时候就进行家庭干预，那么轩轩的情况必然不会这般严重。不过晚开始总好过不开始，在充分了解了轩轩的情况之后，我开始为轩轩制定相应的教育策略。

三、教育策略

（一）制订IEP[①]

轩轩的问题有许多，想要一时间全部兼顾是困难的，也几乎是不可能的。于是我先将轩轩的主要问题罗列出来，同时按照这些问题涉及日常生活中能力的急需程度、常用程度以及问题的严重程度进行排序（见表1），再制定IEP，有序地开始进行干预教学，尝试解决问题。

表1　轩轩的行为认知问题

排序	问题
1	无唤名反应
2	生活自理低下
3	害怕与人触摸

---

① IEP：Individualized educational plans，即个别化教育计划，是依据每个学生的身心需求而制订的一份教学计划，以便为后面的教学活动设计提供教学依据。

排序	问题
4	认知能力低下
5	害怕新鲜事物
6	无语言沟通能力
7	缺乏社交能力

（二）在生活中进行渗透教育

轩轩的许多问题单靠课堂是很难解决的，于是我充分利用轩轩在校一日的时间，从生活的方方面面去进行渗透教育。

针对轩轩无唤名反应的问题，我在课堂上增加了点名击掌环节，在点到轩轩名字的同时与他击掌，增强他对自己名字的感知。同时在日常需要轩轩配合教学或者参与活动时，我从一开始面对面喊"轩轩"名字以获得他的回应到后面慢慢增加距离，在离他1米、2米……处喊他名字，让他明白"轩轩"是他的名字，听到时就该给予回应了。

面对轩轩经常出现的害怕情绪，我采取的是脱敏治疗，循序渐进地慢慢缓解轩轩的害怕情绪。在触摸方面，从手部触摸开始让轩轩与人握手，带领他去接触其他同学，再反过来互动，让他感受触摸。同时在每天午休前，我会进行短时间的触摸（挠痒痒）练习，时间从10秒开始，慢慢地一点点地延长时间，以此让轩轩慢慢地习惯他人的触摸。

针对轩轩对新鲜、陌生事物的害怕，我则采用了同伴示范的方法。每一次出现不同的教具或者到陌生的地方，我都先让同伴进行把玩或玩耍，引导轩轩去观察，再让轩轩去接触新事物，这样能有效缓解其对新鲜的未知事物的害怕情绪。

在提高认知能力方面，我通过每一节课上的个别化教学和日常活动，用简短的指令如"坐下""站好""跳""跑""走""开门""接水""穿鞋""关窗户""开灯"等日常生活中常使用的简单词汇命令，多次重复、示范和辅助，以此慢慢提高轩轩的认知能力。

至于轩轩缺乏语言沟通和社交能力，也是自闭症最难干预的两个方面。在语言沟通方面，通过评估，我发现轩轩在呼吸和口面部肌肉力量方面都很薄弱，于是我从这两个方面入手干预轩轩的语言能力，通过设计简单的呼吸训练游戏如僵尸先生[①]、我的嘴巴会画画[②]，以及口部训练游戏如舌头指头对对碰[③]、长大嘴巴吃果酱[④]等，让轩轩提高和掌握发音的基础能力。在社交能力方面，我则从每日固定的问好开始；同时我发现轩轩对音乐比较敏感，所以每周我会安排固定的音乐游戏，让轩轩在音乐中与同伴进行游戏互动，让其在游戏中学习与人交往的基本社交技能。

（三）家校合作

在生活自理能力提高这一方面，在与轩轩家长交谈之后，我获得了家长的配合。一方面，在校时，我会指导轩轩如何穿鞋，如何拧开、拧紧水杯盖，如何穿脱外衣，等等，同样是从一开始动作辅助轩轩完成到手势提示，再到口语提示，慢慢减少轩轩在自理方面对大人的依赖；另一方面，轩轩在家时，家长减少了对轩轩全方位的帮忙，让轩轩尽可能地自己完成自理任务，哪怕需要花费很长的时间。

四、收获与感悟

短短一个多学期过去了，轩轩的改变是喜人的，尤其是在生活自理和认知方面有了很明显的提升，现在轩轩已经会自己穿脱鞋袜，拧开、拧紧水杯盖，也能听懂教师的简单指令并去做事，而不用教师的辅助或者提示了。现在轩轩也能够很自然地参加班级的集体活动，能够自动与同伴合作参加音乐游戏。如果说之前轩轩是在自己的世界里独自玩耍，那么现在轩轩则是开始去感知这个世界了，从他的生活出发慢慢感受周围的人、事、物，

---

① 僵尸先生：教师在纸巾的一边蘸上水，将蘸水的一边贴到学生脸上，让学生将纸巾吹走；之后，教师和学生进行比赛，看谁最先将纸巾吹走，赢的人可以获得奖励。

② 我的嘴巴会画画：教师在纸上画出简单的线条，将果汁或颜料滴在线条起点的位置，让学生用粗吸管或细吸管（根据学生能力进行选择）把果汁或颜料沿线条吹开。

③ 舌头指头对对碰：教师用手指触摸学生脸颊的不同部位，从唇部开始慢慢向四周移动，引导学生用舌头和被触碰的地方接触。如果学生能准确触碰，便给予奖励；如果不能准确触碰，则不给予奖励。

④ 长大嘴巴吃果酱：教师用棉签先后在学生的上嘴唇、上牙龈、硬腭前部、硬腭后部涂上果酱，让学生张着嘴巴用舌头舔果酱（教师给予支撑），同时将镜子放在学生面前，方便学生模仿和观察是否舔干净了。

虽然轩轩身上还有许多需要解决的问题，但这些小改变已经让家长和教师看到了希望。

　　拥有高度的耐心与责任心是从我开始接触特殊教育时首先明白必须具备的能力。在与轩轩的相处过程中，我对这两个词也有了更深的感触。在一开始，我很难从轩轩的众多问题中去理出头绪，很想去帮助他，但又不知从哪里入手，我是在经历过多次尝试、不断查找资料之后才慢慢静下心来写干预教学计划，这中间离不开特教教师责任心的驱使；在实际的干预教学中，耐心又显得非常重要，尤其是在多次教导之后学生依旧没有进步时，需要反思是自己的干预教学在哪里出了错，还是重复的次数不够达到质变的程度，再调整心态耐心地重新开始干预教学。对自闭症的干预教学无疑是困难重重的，但我相信，只要抱着高度的责任心和充足的耐心去与孩子们相处，就总能看到他们的成长和改变。

你的情绪我知道

孤独症儿童是缺乏社会性互动、语言沟通存在异常、常有刻板行为的儿童，这类儿童一般会表现出情绪不稳定、情绪与环境不一致情绪等问题，而这些情绪问题影响着其生活和学习。

一、案例基本情况

大杰（化名），男，14岁，精神类一级。大杰日常由母亲照顾，能与人进行简单交流，但是对较长语句无法理解，有时候会重复教师的话，常大笑、大喊。大杰对他人的情绪无法理解，常在惹怒他人之后很开心。

二、教育方案的制订

（一）综合评估

通过对大杰采用行为动机量表进行评估，我发现大杰在引起他人注意这个维度分数最高。于是我又借助图片、照片、影片对大杰从识别基本情绪、描述基本情绪、理解基本情绪三方面进行评估，结果见表1。

表1　前测结果

项目	识别基本情绪				描述基本情绪				理解基本情绪			
分项	喜	怒	哀	惧	喜	怒	哀	惧	喜	怒	哀	惧
准确率	5/5	1/5	3/5	2/5	3/5	1/5	3/5	1/5	3/5	0/5	1/5	1/5

（二）结果分析

根据评估结果，又结合与大杰妈妈和班主任的交流，我分析了大杰自身特点、家庭因素、学校因素对他的情绪问题的影响。

1. 自身特点

大杰是一个孤独症学生，对于情绪的理解、控制本就比较薄弱，同时14岁的大杰已经进入青春期，情绪极易激动，喜欢引起他人的关注。

2. 家庭因素

大杰妈妈独自带着大杰在学校周围租房住，照顾大杰上学和平时的生活起居，对大杰十分关爱。大杰妈妈经常拉着人高马大的大杰一次次地念叨着要大杰做什么、怎么做，特别是在大杰因情绪激动而惹怒他人或者犯错时，大杰妈妈像是讲道理般对着大杰长篇大论。而这些对于大杰的行为没有起到任何阻止作用，因为大杰没办法从妈妈的话语中准确地得到指令。久而久之，大杰妈妈的长篇大论反而使大杰叫喊着跑开。

3. 学校因素

大杰所在班级全都是孤独症的学生，当大杰看到教师阻止其他同学的某个行为时，他也跟着做，观察教师是否会关注他、阻止他。其他同学的表现成为大杰学习的"榜样"，当教师阻止、批评他时，大杰就会变本加厉。这时候，教师的阻止和批评不再起效，反而强化了大杰的情绪、行为问题。在进行个别化教育的过程中，因为是一师一生，所以大杰得到关注，没有出现大喊大叫来吸引注意的行为。有时候，当大杰出现情绪行为问题时，面对教师的批评，他会同时大喊大声重复，等教师批评完，他就跑开了。

（三）制订教育方案

1. 目标确定

通过结果分析，结合大杰及其家庭的需求与期望，我确定了大杰的个别化教育培训目标。

（1）短期目标。

①识别基本情绪，能够较准确地指认出卡通图片、沙具、真实照片、影片中的人物的基本情绪。

②能够对教师的简单指令做出反应。

（2）长期目标。

①在课堂上能够控制情绪，减少通过大吵大闹吸引他人注意的行为发生次数。

②能够用简单的话语描述出"某人什么心情/情绪"。

③在②的基础上加大难度，结合情境表达出"某人什么表情或者做了什么，什么心情/情绪"。

2. 方案确定

结合对大杰的综合分析、大杰的自身特点和短期目标、长期目标，在与大杰妈妈共同探讨下，对大杰进行干预，第一个学期的教育方案见表2。

表2　第一个学期教育方案

时间	内容	训练步骤	训练工具
第1个月	认识、理解基本情绪"喜""哀"	1.教师展示简单情绪卡片，说出基本情绪和常听到的相关词汇。如"喜"——开心、高兴。 2.听情绪词找到相应简单情绪图片。 3.配合干预系统和不同形象的卡通情绪图片做情绪的识别。 4.根据要求找出不同的沙具。 5.对着镜子，模仿情绪。 6.结合同学的情绪照片，将对卡通图片的情绪认知过渡到到对熟悉人物情绪的认知。 7.从熟悉的人物表情泛化到网络上不同人的情绪照片。 8.完成干预系统中简单故事图片上中情绪识别的练习。 9.教师播放情节简单的情绪片段，让学生认识、理解、判断人物情绪	1.简单的基本情绪卡片。 2.不同的人物形象的卡通情绪图片。 3.同学的情绪照片。 4.网络上不同人的情绪照片。 5.孤独与多动障碍干预系统。 6.沙具。 7.情节简单的情绪故事图片。 8.情节简单的情绪片段
第2个月	认识、理解基本情绪"惧"		
第3个月	认识、理解基本情绪"怒"		
第4个月	分辨出"喜""怒""哀""惧"	1.把不同的情绪卡通图片进行混合，学生按要求分辨出情绪，并对情绪进行分类。 2.把不同情绪的同学照片进行混合，学生按要求分辨出情绪，并对情绪进行分类。 3.把不同情绪的人物照片进行混合，学生按要求分辨出情绪，并对情绪进行分类。 4.混合多个情绪片段，随机播放其中一个，让学生判断情绪	

第二章　育人师说·微光造梦

三、教育效果

除了一对一的训练之外，集体课和家庭也齐齐发力。在集体课中，教师们对大杰大喊大叫的行为采取忽略的方式，久而久之，大杰在课堂上情绪行为问题的出现频率有所降低。而且，教师会在大杰表现得好的时候及时强化，肯定其积极行为。大杰妈妈改变了以往对大杰情绪的处理方式，尽可能对大杰发出简单指令，减少对大杰进行一连串的批评。在经过一学期的努力，我再次对大杰进行评估，评估结果见表3。

表3　后测结果

项目	识别基本情绪				描述基本情绪				理解基本情绪			
分项	喜	怒	哀	惧	喜	怒	哀	惧	喜	怒	哀	惧
准确率	5/5	3/5	4/5	4/5	5/5	2/5	4/5	2/5	4/5	0/5	2/5	2/5

通过评估结果可以看出，大杰对情绪的认识、理解有一定进步，但是对"怒"的理解仍需要在后期的训练中不断加强。

四、教育反思

（一）成人的情绪会影响孩子对情绪的反应

在大杰身上，我们可以观察到，当成人因为孩子的行为而反应过激时，孩子便会做出大喊大叫的行为，甚至会变本加厉。一方面，成人的情绪、行为给孩子起到了示范的作用；另一方面，成人的情绪也会传递给孩子，让孩子不知所措，只能通过他们所认为应该做出的行为来应对成人。当教师在面对学生的情绪行为问题时，首先要控制住自己的情绪，观察、了解引起学生情绪行为问题的症结在哪里，做到学生的情绪教师知道。

（二）因材施教，应对不同学生的不同情绪行为问题采取不同方式

不同学生会有不同的特点，造成学生情绪行为问题的原因也是多样的，有的学生是因为不懂得如何表达自己的情绪，有的学生是因为想要吸引他人注意力，有的学生是因为不懂得如何应对自己的情绪……这就要求教师要在发现学生情绪行为问题症结的基础上，对症下药，选择适合学生的方式进行

教育。比如大杰，他之所以会产生情绪行为问题，一方面是因为他想要引起他人注意；另一方面是因为他无法识别他人情绪、不理解情绪。所以，针对集体课上的情绪行为问题，教师采取消退的策略，在大杰做得好的时候及时给予强化，让大杰知道捣乱没能获得教师的注意，只有遵守纪律，才能得到表扬。再结合一对一的训练，让大杰慢慢地识别不同情绪，慢慢做到"他人的情绪我知道"。

（三）家校联合，强化教育效果

对孩子的教育不能仅仅依赖学校，更需要家庭的支持和强化。孩子的情绪行为仅靠教师在学校期间的训练，回到家便"打回原形"，这种教育是无效的。如果"1+1>2"，只有家校联合，才能强化教育效果。当家长配合教师的教育，在家中延续教师的训练，巩固孩子正确的情绪行为，才能真正发挥教育的作用。

五、结语

"你的情绪我知道"，不仅是孩子的情绪教师知道、父母知道，而且是教师的情绪、父母的情绪孩子知道。这是一个漫长的过程，需要教师、家长和孩子共同努力，需要教师和家长以足够的耐心引导孩子认识情绪、理解情绪、表达情绪，这样才能真正做到"你的情绪我知道"。

参考文献：

[1] 王梅，张俊芝.孤独症儿童的教育与康复训练［M］.北京：华夏出版社，2007.

自闭症儿童行为矫正案例

金平区蓝天下特殊教育学校　汤粉虹

一、个案简述

小涛（化名）是一个被确诊为自闭症的男孩子，在他5岁7个月大时，家长送他来我校接受康复训练。当时他与人沟通意识非常薄弱，不喜欢和他人交往，共同关注度差，几乎不能与人进行眼神交流。他没有玩伴，兴趣狭隘，不会玩玩具，唯一感兴趣的活动是玩塑料瓶子。他没有语言，没有模仿意识，不能进行认知匹配活动。他第一天到校来进行康复训练时，难以接受新的环境和陌生人。在新的环境中，他大声尖叫，到处乱跑，不受约束，他很怕陌生人靠近他，只要别人靠近他，他就会伸手打人。

二、主要问题行为描述

（1）小涛不喜欢陌生人靠近他，如果陌生人靠近他，他就会闪躲、尖叫；当有人伸手要去牵他的手时，他会下意识地伸手打人。

（2）他对陌生环境的适应能力很差，当适应了某一个空间后，要转移到另一个空间非常困难，他会抗拒、尖叫。

（3）他兴趣狭隘，只喜欢一些空塑料瓶子，整天喜欢提着一袋子塑料瓶子，每当看到有塑料瓶子，他会不顾一切地去拿或者去抢。

三、确定终点行为

小涛的适应环境与适应陌生人的问题行为在康复训练中反复表现出来，

并且严重影响到他正常的日常生活、学习和康复训练。正是这个行为问题，导致孩子平时除了来校康复之外，其他时间就是待在家里，家长没能带他出门，也从未能带他去亲朋好友家做客。因此，教师需要以一定的干预措施介入。

终点行为矫正目标为：通过矫正，使小涛能逐渐接纳他人靠近、接纳他人触碰，能适应不同环境，减少攻击性行为。

四、问题行为及原因分析

1. 生理因素

经过权威医院诊断小涛为自闭症儿童，目前医生也建议进行专业的干预训练。

2. 教育因素

小涛因为行为上的问题，没能进入普通幼儿园学习，没能接受学龄前正常儿童的同等教育，从而导致适应能力差，行为问题也逐渐严重。

3. 家庭因素

小涛是单亲家庭，由爸爸抚养，前期，父亲因要养家糊口而外出打工，孩子交由爷爷奶奶看管，爷爷奶奶基本上只照顾孩子的日常起居，未能引导孩子的日常行为规范与自理，导致孩子都5岁多了，连自己吃饭和穿鞋都不能独立完成。个人生活上的自理都是爷爷奶奶一手打理好，孩子一天一天长大，行为上的问题越来越明显，爷爷奶奶便无法照顾和管教孩子了。

4. 环境因素

小涛来到新学校，第一次离开熟悉的家人和环境，接触陌生环境和陌生人，产生了极大的焦虑与抗拒，非常不适应，导致出现攻击他人的行为。

五、主要干预措施

（一）从共同关注入手

教师创造良好的环境和自由的气氛，给小涛感觉有安全自由的空间，这样小涛就自然减少了一些不好的抗拒行为。我在学生对面2米处拍球、玩有趣的玩具，有时故意跟小涛打招呼："嗨，小涛。"说完后，神秘地从袋子里拿出小涛最喜欢玩的塑料瓶，在小涛前面晃了几下，说："小涛过来，瓶子给你。"这时，小涛稍微放下了戒备的心，走过来拿瓶子了。当小涛走过来时，我表现出很开心的样子，把瓶子给了小涛，然后说："嗨！小涛，你好！"小涛被我的夸张表情吸引了，眼睛不由得与我对视了3秒，我抓住这个好时机，说："小涛，你真棒。"就这样，我和小涛之间的距离在不知不觉间拉近了。经过多次训练，我还将不同的塑料瓶子递给了小涛，小涛渐渐地对我产生了好感，也开始不断地关注我了。经过两天的接触，小涛从排斥我到接纳我了，而且几次主动来靠近我，几次来拉我的手，表示要跟我玩。这可是迈出了康复成功的第一步。

（二）通过感官知觉的刺激来增强学生的适应与接纳能力

针对小涛对外界有高度敏感反应进行触觉脱敏训练。通过共同关注的训练后，他对我产生了好感，并且愿意让我靠近他了。我先以他喜欢的塑料瓶罐在他手臂和腿上进行按压、滚压、轻拍，等等；在他开始接受这种触碰后，我先后更换不同质感的物品去摩擦他的手臂和腿；最后以不同质感的物品去摩擦他较敏感的脸部、头部……经过一周的感官知觉刺激，小涛对外界的触摸开始接纳了，别人靠近他，他也不再尖叫与逃避了。

（三）通过游戏来增强学生人际关系的发展

通过游戏活动提高学生的社交意识与沟通能力，在游戏中，会不断发现学生的兴趣点，通过学生的兴趣点进行游戏，师生之间的互动会事半功倍。在平时的游戏活动中，我发现小涛特别喜欢听《小白兔》这首儿歌，每当我唱起这首儿歌来，他都会走过来牵着我的手，然后看着我，表现得很愉快。这时候，我趁机试着把这首儿歌贯穿到"杯下藏物"这个游戏中来。在我的耐心诱导下，小涛肯与我面对面坐下来，和谐愉快地进行游戏了。我一边念着儿歌，一边操作着手上的杯子，当手上移动杯子的动作停下来时，我也停止了唱儿歌，示意他找出杯中物品，找对了继续唱起了儿歌，以作为奖励……他出乎我意料地玩起了这个游戏。

（四）通过地点转移来增强学生对陌生环境的适应能力

第一周个别化课室是固定的，从第二周开始，每过三天进行转换课室，使他适应不同的环境与空间。一开始，小涛每次进入新的课室都会情绪化地大叫，拼命向外逃，不肯进新的课室。我费了很大劲才抱着他进入课室，我一边抱着他，一边唱着他最喜欢听的儿歌。过了一会儿，小涛不挣扎了，情绪也慢慢平静了下来。这时，我拿出强化物——塑料瓶作为奖励，让他玩一下。通过一个月的有意变换课室，小涛渐渐适应了不同的环境与空间。很快，在一个月后，我带他到任意教室，他都表现得很自然很安静，家长也反馈孩子可以去亲戚家做客一小会儿了。

（五）通过正强化的方式来增加学生的良好行为

正强化就是在行为出现后，立即出现一个刺激物，导致未来行为在类似情景中发生的频率不断提高。当小涛出现的行为适当时，利用了正强化的方式，奖励他喜欢的事物，小涛的适当行为的确增加了不少。记得有一次，在训练小涛进行穿珠子时，因为他的手眼协调能力差，所以对精细操作不感兴趣。我先让他穿3颗珠子后，立即很高兴地表示奖励他玩一下塑料瓶子，并且说："小涛能穿珠子，真棒！奖励你玩一会儿瓶子。"就这样反复进行了几次正强化的刺激，小涛穿珠子的行为被强化了，不知不觉间，他一次性穿了21颗珠子。经过几天的操练，很明显，小涛的精细动作有了很大进步。

（六）通过负惩罚的方式来减少学生的攻击行为

负惩罚就是在一个行为出现后，移除刺激物（喜欢的），导致该行为在未来发生的频率降低。记得小涛刚到学校来康复时，在上集体课时，他的攻击行为比较频繁，他经常很烦躁，时不时地伸手就要去打身旁的小朋友。为了减少他攻击他人的不良行为，我经常在一旁关注他的举动，当小涛伸手想打人时，我立即把小涛的双手握住，限制了他双手1分钟的自由，并且说："坐好，手放好。"当时小涛被我突如其来的制止吓得愣了一下，眼神不由得和我进行了对视，他看到我正严肃地盯着他时，他才坐好，把手放好。可是不一会儿，小涛又想去打旁边的小朋友。这一次，小涛被我带到了隔离室独坐，并且取消当天的强化物品（塑料瓶子）。就这样，每当小涛出现攻击行为，我都会带他到隔离室独坐15分钟，并且取消他当天玩塑料瓶子。经过一个月的负惩罚干预措施，小涛的攻击行为频率逐渐降低了。

六、康复训练的结果

通过两个月的干预训练，小涛逐渐能接纳他人、适应陌生环境了，攻击他人的行为也减少了很多。每周最多出现一次攻击行为，且良好的行为出现得越来越多，已经能与同学一起游戏了。总的来说，小涛已经能基本适应陌生的环境，与陌生人进行简单的交流，社交能力也提高了不少。

七、分析与讨论

（1）通过我的耐心干预训练，有效矫正了小涛的行为问题，在对小涛的干预中，主要通过RDI游戏吸引他的关注、互动，通过感官知觉刺激使他接纳他人，通过训练地点的转移使他适应不同的陌生环境。这一办法还是有效的。

（2）值得注意的是，我利用了正强化法和负惩罚法，对于训练者来说，一定要保持平静的心态，客观对待事物，冷静且理智地处理学生突发的行为问题，避免由于实施者情绪的波动而对康复的过程产生不良影响。

我相信只要我们有爱心、耐心、信心、恒心，加上不断学习相关的专业知识，通过专业知识理论进行不断实践、不断反思、不断探索、不断总结，我们会获得一次又一次的惊喜。

因材施教促成长

—— 一例语言发育迟缓并伴随中度智力障碍儿童的个案分析

潮南区特殊教育学校　赖洁瑜

一、个案基本情况

小琪（化名），女，12岁，五年级，患有语言发育迟缓并伴随中度智力障碍。之前小琪就读于省外的特殊教育学校，于今年2月转至我校就读。经过两个多月的引导和教育，小琪已渐渐克服了很多行为障碍，能够适应学校的生活和学习强度，也能融入集体，与同学友好相处。小琪开学时存在的问题有如下几个方面。

一是情绪极不稳定。开学时，小琪在校需要母亲在侧陪读，母亲完全不能离开她，如若母亲试图离开，她便会号啕大哭且不受控制，持续哭闹时间较长，无论谁试图安抚她都被"拒之门外"，且极大影响了其他同学的情绪。

二是自卑心理凸显。小琪有恐惧心理及强烈的不安全感；同伴交往能力弱，不懂得处理同伴关系，难以融入班集体。每次当教师点名邀请她上来做游戏时，她都会口头拒绝且表示"我不会"，但其实她是可以回答某些问题的。

三是语言障碍。小琪仅会使用单字发音，咬字不清晰，且伴随有刻板语言，经常念叨"妈妈""×（姓）老师"，入学时，该表现较为频繁。

四是学习困难。该生伴随智力障碍，对知识类的掌握能力较差，对数学的感知力更弱，在上课时常常走神，注意力分散。

五是分离焦虑明显。该生在入学时，无法接受独自在教室上课，更无法接受在学校吃饭、午睡。

二、问题分析与诊断

（一）家庭环境塑造

小琪在家备受宠爱，无论是父母，还是爷爷奶奶，都过分关注小琪的一举一动，且对小琪的要求也是尽量满足，导致小琪在转校后形成极大的心理反差，缺乏安全感。由于要在新学校开始新的学习生活，前期会与母亲产生分离焦虑，而母亲没有做好提前干预，且对小琪的要求百依百顺，任其哭闹要求母亲陪读在侧，甚至哭闹至不来上学，在行为上表现出退化，如吮吸手指、要求拥抱及让母亲帮其穿衣穿鞋、拿书包等。另外，家长对小琪的学习和生活技能类的锻炼和学习较不重视，在长期的教导无果后，便很少要求小琪学习知识和生活技能，导致小琪出现情绪管理能力较差、学习较不主动等心理和行为问题。

（二）新环境适应能力

由于该生在我的班级，因此我便更加注意她各方面的行为表现，争取尽快让她适应新学校的环境和节奏规律。该生在刚进入校园的第一天就表现出极大的抗拒心理和强烈的焦虑、恐惧情绪，并且会通过哭闹不止、用力跺脚来发泄情绪。她的行为极大地影响了教师授课，也引发了与其他学生的矛盾，其他学生对她的表现表示"太吵了"，导致她在新学校给同学们留下了不好的印象，同学们都不愿意和她交流。她对教师的游戏和集体活动也不感兴趣，常常拒绝教师的游戏互动邀请，也拒绝和同伴一起排队，害怕别人拿她的东西，注意力常常被一些无关紧要的事情吸引而无心上课。新环境的出现给她带来了很大冲击力，让她顿时陷入不安的状态中，需要通过及时的干预来缓解她的焦虑和紧张感，使之尽快适应。

（三）个体身心健康因素

据小琪母亲阐述，该生在读幼儿园时期就被诊断出语言发育迟缓及智力障碍问题。通过对她的初步观察和沟通了解，我认为小琪还伴随一定的自卑和恐惧心理，以及对新环境的不确定感，具体表现为行为退化、难以平复情绪、不敢进入集体午休室睡觉等。由于该生身体较同龄人肥胖，故而自信心不足，自我认同感较差；由于自己的认知水平有限，语言能力欠缺，也未能很好地认识并管理自己的情绪，因此其需要发泄情绪之时只能通过哭闹这一途径。

三、教育目标

针对以上问题,我从认知目标、行为目标、情感目标三个维度出发,制订了短期目标和中期目标。

(一)短期目标

(1)认知目标。能够适应新学校的环境,放下戒备心理,尝试与同伴友好相处;改变原先的错误认知,增强自信心。

(2)行为目标。改变重复单字语言,学会进一步表达自己的感受和想法;培养专注力,上课不走神,增强知识学习能力;在生活中能听懂教师指令,融入集体,能完成自己吃午饭、自主入睡等生活小事。

(3)情感目标。学会认识并管理自己的情绪,建立良好的同伴关系和师生关系;适应校园并对校园生活产生感情。

(二)中期目标

(1)认知目标。喜欢上校园生活,并在学校学习更多的知识和生活技能,保持身心健康;能够控制好自己的情绪。

(2)行为目标。养成良好的生活习惯,稳定作息规律;能够专注地上课;能够独立完成作业,并与其他同学建立良好的同伴关系。

(3)情感目标。提高并保持自信心,提高自我效感。

四、教育过程

(一)探索内心世界,构建师生关系

和谐的师生关系更有利于建立与学生的联系,也更有利于后期开展教育等工作。第一次见到小琪,"不见其人,先闻其声",她正在教室里号啕大哭,无论老师们怎么哄,都无济于事。于是,我与她母亲进行沟通,详细了解了初步的情况后,我从小琪的兴趣点出发,尝试与她接触。她喜欢听歌和跳舞,于是我便在教室里播放了一些熟悉的儿歌,让同学们一起唱、跳,但没有邀请她一起参与。因为我知道这时候的过分关注会引发她强烈的防御心理。于是我便假装忽视她,和其他小朋友互动。渐渐地,她的注意力被吸引过来,也止住了哭声。接着,当我派发铃鼓的时候,她也表示想要一个,我便试图与她进行简单的沟通和交流,从朋友的角度和她一起感受音乐的律动……鉴于她对母亲过分依赖，分离焦虑明显，我借助"系统脱敏法"，让她母亲由全天陪读改为半天陪读，从陪读一两节课到最后小琪能够自己在学校上一整天的课。此事过后，小琪也渐渐与我熟悉起来，愿意与我交流，我也逐步探知她的想法，这为接下来的引导教育奠定了基础。

（二）心理健康课探究——认识情绪

情绪表达对于语言发育迟缓的学生来说是十分重要的。我设计了一套情绪心理课程，通过认识"开心、难过、愤怒"等一系列情绪，让小琪以及其他有情绪表达障碍的学生充分认识情绪，学会表达情绪，控制好自己的情绪，认识在什么时候表达情绪是合理的……小琪对这个课题很感兴趣，也逐步学会了如何表达情绪。在之后的学习生活中，她也渐渐地控制住了情绪，比如当她想哭的时候，她会表达"我想哭"，这时我便提示她，如果很伤心，只能哭一会儿，不能大声地吵到其他同学等，她表示接受并很好地控制住了情绪。图1、图2为是我在上情绪系列课的附图。

图1　情绪体验心理课　　　　　　图2　情绪体验心理课

（三）代币制激励法——行为激励

行为学认为，每当孩子出现适宜行为，教育者若能及时给予其肯定或奖励，那么学生发生这种行为的概率就会大大提高。但是，如果孩子的每一次、每一个好行为都得到奖励，那么教育者会应接不暇。于是，行为科学就采用筹码制度来解决这个难题。这种筹码即"代币"，就像电子游乐场用来代替硬币的游戏币，孩子的每一次好行为都可以得到一枚代币。当代币积累到一定数目时，就可以换取某种奖励，这就是代币法。我以小红花作为代币，每个小朋友都有一本"小红花盖章本"，如果完成了教师的指令、作业、问题等，便可以得到相应个数的小红花。小琪对小红花特别感兴趣，于是在教师的引导以及其他同学的鼓励下，小琪也鼓起勇气，举手回答问题。虽然她的语言不多，有时候问题回答得也不够准确，但她的进步是有目共睹的。我也以激励为主，一开始只要她回答问题，完成指令，就都会给她盖小红花，并循序渐进地增加难度。现今，她已经能轻松回答教师提出的简单的生活类等问题，也能够指认所有的学科教师，基本能与同伴进行玩耍，分享玩具、零食等。同时，强化物的出现也让她能够服从午休的指令，从一开始不愿意午休到需要一个教师陪她一个人在教室午休，最后通过强化物的引导，愿意到午休室与同伴进行集体午休活动。在这个过程中，强化物"功不可没"，但最重要的还是教师的鼓励性引导，通过安抚、夸奖、奖励她想要的物品等方式，让她逐渐放下戒心，建立安全感，消除恐惧心理和自卑心理，从而融入集体。

（四）家校合作

家庭是孩子的第一所学校。家庭和学校都承担着育人的职责，二者共同构建起孩子健康成长的支持系统，单单靠学校的教育和引导是远远不够的，对特殊的孩子来说更是如此。经过与小琪母亲的沟通了解，小琪的家庭氛围较好，但对小琪过分宠溺，导致小琪情绪释放毫无克制，也不利于小琪对生活技能的习得。经过一番沟通，我建议小琪母亲与家人要做好配合教育的工作，对小琪的不良行为要及时制止，避免家校教育不统一，同时，我还加强与其父母的沟通，及时地向其反映小琪的在校情况，并将其在校所学知识、所养成的习惯告知其父母，请求家庭的配合，并引导家长认识到小琪的问题，告知其父母有效矫正行为的方法，以此来共同促进小琪的全面发展。

（五）因材施教，从兴趣出发

因材施教是一项重要的教学方法和教学原则，在教学中，根据不同学生的认知水平、学习能力以及自身素质，教师选择适合每个学生特点的学习方法来有针对性地进行教学，发挥学生的长处，弥补学生的不足，激发学生的学习兴趣，引导树立学习的信心，从而促进学生全面发展。针对小琪喜欢上情绪体验课，我设计出了一些简单的心理团辅游戏，通过游戏来促进她对集体的认识并帮助她进一步融入班集体。通过"珠行万里"（见图3）、"两人三足"（见图4）、"肩并肩夹气球"等心理团辅小游戏来唤起小琪的兴趣，同时使她更乐于与同伴进行互动、交流，共同增强班集体的凝聚力。

图3　"珠行万里"心理小游戏

图4　"两人三足"心理小游戏

五、教育效果

通过半个多学期的引导教育和强化训练，小琪已经能够很好地融入班集体了，能和其他同伴进行各种集体活动；语言能力也有所发展，能够进行简单的沟通；在情绪方面，小琪的情绪管理也有所进步，再也没有出现大哭大闹的情况，半学期以来的情绪状态较为稳定；在生活技能方面，小琪能够自主入睡、叠被子、整理书包、帮忙做家务，等等。在今后的教学中，我将及时调整对小琪的引导教育和个别化训练，进一步巩固学习成果，让她的人格更为完善，生活技能得到更大的提升。

六、教育反思

小琪的进步离不开教师的引导和教育，更离不开家庭的教育和配合，只有做好了家校合作工作才能共同促进学生的进步成长。该个案的成功也让我更加理解"因材施教"的真正含义。对于特殊儿童，只有针对他们的不同特点进行个别化训练，才能更好地促进他们的发展。

多种疗法，让孤独症患儿不再"孤独"

——杰杰个体案例分析

汕头市特殊教育学校　胡莎婷

一、研究对象的基本情况

以下为对杰杰（化名）家长的调查问卷

1. 您是孩子的父亲或母亲?

☐A. 父亲　　　　　　　　☑B. 母亲

2. 您的年龄是?

☐A. 18～25岁　　　　　　☑B. 26～35岁

☐C. 35岁以上

3. 您认为您的孩子最主要的需求是什么?

☐A. 接受教育　　　　　　☐B. 社会保障

☐C. 职业培训　　　　　　☑D. 全部

4. 在对孩子的干预中，您担心的问题有哪些?

☑A. 孩子的症状能否缓解　　☐B. 社会对自闭症的偏见

☐C. 家庭的经济状况　　　　☐D. 其他

5. 每天您与孩子的相处时间?

☐A. 2小时及以下　　　　　☐B. 2～4小时

☐C. 4～8小时　　　　　　☑D. 全天陪伴相处

6. 您对目前自闭症儿童的最新教学方式有所了解吗?

☐A. 很了解　　　　　　　☑B. 不太了解

□C. 完全不清楚

7. 您的孩子有哪些症状和表现？

□A. 不会说话　　　　　　　　□B. 情绪不稳定

□C. 刻板行为　　　　　　　　☑D. 其他

8. 您最希望孩子在哪些方面得到提升？

☑A. 生活自理能力　　　　　　☑B. 认知能力

☑C. 语言表达能力　　　　　　☑D. 听觉

9. 您的孩子对哪些方面比较感兴趣？

□A. 数字　　　　　　　　　　☑B. 绘画

☑C. 音乐　　　　　　　　　　□D. 其他

通过问卷，我们可以分析出如下信息，杰杰感兴趣的领域集中在以下几个方面（见图1）。

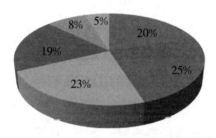

图1　杰杰感兴趣的领域

而杰杰在入学测试中的得分如下（见图2）

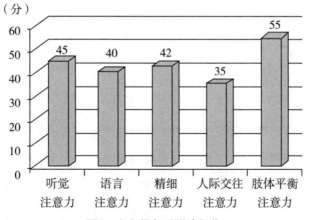

图2　杰杰的各项测试得分

第二章　育人师说·微光造梦

下面是对杰杰的具体情况分析。杰杰，今年13岁，患有精神残疾二级，属于自闭症儿童。杰杰刚来学校就读时，情绪很不稳定，在课堂上时常起来走动、跑跳，语言能力较差，无法自主表达需求，对教师的指令也无法服从，手部精细动作较差，无法完成描写、涂画等动作。

二、研究方法

针对杰杰的问题，教师为其制订了下列方案。

方案一：奥尔夫音乐疗法

通过观察发现，杰杰的听力很不集中，时常过了2秒，注意力就会被别的东西吸引，甚至连教师的提醒也不予理会。针对该问题，教师与音乐教师进行请教探讨，采用学科联动的方式帮助杰杰提高听觉注意力。主要实施方法为：音乐教师播放一段有节奏的音乐并发给杰杰小鼓，另一位教师则跟着音乐节奏敲打小鼓，第一环节，杰杰跟着教师一起听音乐节奏敲鼓；第二环节，杰杰在教师的提醒下，完成音乐节奏的敲打；第三环节，杰杰跟着音乐独立完成节奏敲打游戏，并由教师加以强化。奥尔夫音乐疗法，提高了学生的兴趣，杰杰的听觉注意力明显有所提高。不同学科教师之间的配合，更好地改善了学生的现状。

方案二：结构化教育法，主要是由视觉、空间、环境等部分的结构化来提高其能力

在上课过程中，教师发现杰杰对字的发音很不标准，口齿不清晰，同时因为杰杰腼腆敏感的性格，他不敢在班里同学的面前开口大声朗读，偶尔开口也说得很小声。经分析，教师认为这不仅与杰杰舌头天生的问题有关，还与他所处的环境有关，于是教师准备另辟蹊径，通过对空间、视觉、环境的改善来提高杰杰的能力。具体实施方法如下。教师与心理教师交流讨论后，决定带杰杰到一个让他有安全感、可以彻底放松的地方，比如心理沙盘室。在不抑制杰杰喜好的前提下，让杰杰自由选择自己喜欢的小物件，如动物摆件等，由心理教师引导杰杰根据所拿物品讲出一个完整的故事。另一位教师则负责对杰杰的逻辑和发音等问题进行纠正并强化。该方案从视觉、空间的调整建立杰杰的安全感，让杰杰在舒适的环境中，不知不觉地提高自己的言语能力。

方案三：作业治疗法

通过采访杰杰的母亲，我们了解到，杰杰从8岁开始学习握笔写字，但是现在整整五年过去了，杰杰依旧对写字以及其他精细动作无法掌握，独立完成教师布置的作业更是难题。经分析，教师认为这也与相关活动未能引起杰杰的兴趣有关系，于是教师准备与美术教师合作，从杰杰的兴趣入手。第一个任务是让杰杰选择自己喜欢的图案，随后跟着美术教师一起用超轻黏土捏制出杰杰选择的图案，接着在教师不提示的情况下，杰杰独立捏制一个一模一样的作品；第二个任务则是拧螺丝，教师在平时生活中观察到杰杰对于拧螺丝、钉钉子等十分感兴趣，于是教师找来了大小不同的玩具螺母和螺丝、运用计时器，让杰杰在规定时间内，从易到难地完成任务。通过训练，杰杰做每个任务的时间在不断缩短。在教师的不停强化下，杰杰在做一些其他类似的精细动作时，手指的灵活度明显提高，握笔时，手也不再频繁抖动，训练取得了一定成效。

方案四：感统训练法结合游戏疗法

通过平时的相处发现，杰杰十分敏感，害怕同学的触碰，被同学轻轻触碰会大发脾气，更害怕触碰一些表面不光滑的东西。经分析，杰杰可能是感统失调导致触觉过分敏感。针对杰杰的情况，教师与感统教师交流之后，选择了几种感统器材来帮助杰杰。具体流程为：走平衡木（快速进入状态）—走雪糕标志筒（增强平衡感）—爬体能环（改善前庭系统）—走触觉踩踏石（增强触觉刺激）—双脚交叉跳（增强灵活性）。几个项目在感统室内进行，全程没有其他同学，目的是给杰杰营造一个让他有安全感的环境。在教师的帮助下，杰杰克服困难，完成了任务。

方案五：集体游戏法

在上课过程中，教师发现杰杰十分内向，从不与同学交流，也从不参与到集体活动中，这让家长十分苦恼。针对此问题，教师认为，只有让杰杰充分感受到游戏的快乐，吸引他的注意力，他才会主动想要参与游戏。为此，教师设计了"拉个圆圈走走"这个游戏，由家长带着孩子围成一圈，教师播放《拉个圆圈走走》音乐，根据音乐的指令而拉手或放手。一开始只让杰杰观看游戏，教师在旁边观察杰杰的反应。当杰杰感受到游戏气氛很热烈，脸上也洋溢着笑容时，教师抓住时机，邀请杰杰一起玩游戏并不停地鼓励他，

第二章 育人师说·微光造梦

杰杰在参与游戏后得到了奖励，体会到了集体游戏的快乐。此后，杰杰对于集体活动也由原来的抗拒转变到慢慢接受，整个过程十分漫长。功夫不负有心人，在教师的帮助下，杰杰的内向性格有所改善，也渐渐不再排斥别人的触碰了。

三、研究结果与分析

通过上述方法，杰杰各方面的能力都有了一定提高，教师也记录下了杰杰的成长变化过程。令人惊喜的是，杰杰的进步非常大。这不仅是因为方案的可实施性强，还离不开其他学科教师的合作与帮助。

表1是一些方案的实施成果。

表1　杰杰在四次测试中听说读写能力的表现

	第一次测试	第二次测试	第三次测试	第四次测试
听力训练	对声音的感知度不强	在教师的不断提醒下，对于声音的注意力提高，但精神偶尔分散	在强化下对熟悉的声音会有所反应	会辨认熟悉的声音与特定的声音，听觉注意力明显集中
语言沟通	拒绝与别人交流	在舒适的环境下小声做应答	能在提醒下与教师做最基本的交流	能主动与教师进行交流，表达自己的需求
字词认读	口齿不清晰，保持以前的状态	在不断纠正下能粗略记住一些字词读音，但过后仍忘记	重复练习后能基本记住学过的简单读音	在原有知识基础上能主动探索新字词的读音，口齿清晰，音调基本准确
精细动作	手腕和手指会抖动	手腕与手指的灵活度有所提高，偶尔抖动	手指的灵活度明显提高，抖动频次明显减少	手部抖动消失，精细动作的完成效率有所提高

通过表1不难分析出，随着教师有效的干预，杰杰在几次测试中的听觉能力、语言沟通能力、字词认读以及精细动作方面都有明显提高。当然，杰杰偶尔在状态不好的情况下会表现出退步，对某些学习到的技能有所遗忘，但通过教师的不断努力和强化，杰杰依旧朝着进步的方向发展。

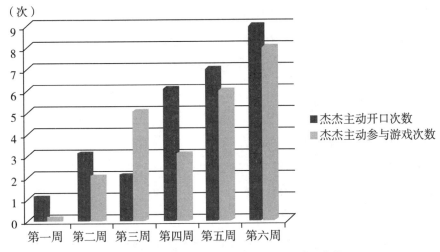

图3　杰杰主动参与活动及主动开口说话的次数

　　从图3中我们可以看出杰杰在教师的不断鼓励下主动开口的次数和主动参与游戏的次数明显增加，这与教师和家长的共同努力分不开。由此可知，要想让杰杰这类孩子迈出困难的第一步，需要先了解他们的兴趣点，并营造一个让他们感觉舒适的环境。每个自闭症孩子的性格不同，教师应从他们的性格入手，找出与其性格相适应的方法，做到"具体问题具体解决"。

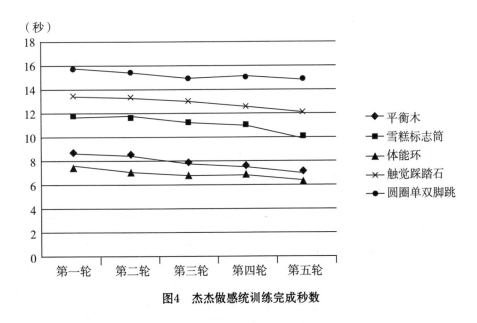

图4　杰杰做感统训练完成秒数

由图4可以看出，在感统训练中，杰杰完成走平衡木、雪糕标志筒等项目的时间越来越短，这也证明了杰杰完成的效率有所提高，而教师在指导学生完成的过程中，不仅只追求完成的速度，还追求完成的质量，保证学生得到充分的训练，解决学生的触觉过分敏感及平衡感的问题。

四、小结与反思

在教师的帮助下，杰杰在语言能力、动手能力、听觉注意力以及感觉统合几个方面，都有明显的提高，这也给了我们很大启示：首先，单一学科教师的干预成效不明显，学科教师之间应该进行有机合作，这样收到事半功倍的效果。其次，对于学生的干预不能停留在重复的练习上，而是应该找到学生的兴趣点，由此入手能更好地帮助学生纠正问题行为。再次，教师的教学方法应与时俱进，不断探索新的方法，以便更好地帮助学生康复。最后，学生的进步不能仅仅依靠教师一个人的努力，更需要家长的支持及社会的关怀，只有我们共同努力，才能让孤独症患儿不再"孤独"。

叩开心门，读懂自闭

——自闭症案例分析

汕头市澄海启智学校 蔡 薇

一、个案资料

小宇（化名），男，9岁，一年级，患有自闭症。在幼儿园阶段被诊断出自闭症，该学生言语发育较为完整，能够较好地发音、表达，学习能力较好，学习速度快，智力发展情况较为良好，但通过观察，该学生存在以下一些问题性表现。

（一）同伴交往能力较弱

该生存在与人沟通的障碍；对周围的事听而不闻、视而不见，不感兴趣、不注意；社会交往较为缺乏；但是当他认定某些同学为朋友后会出现趋向，经常念他们的名字。

（二）注意力不集中

目光闪躲，注意力无法集中，在学习过程中容易走神，沉迷于自己的世界。

（三）情绪波动较大

情绪容易激动，一点小刺激就会使情绪出现较大波动，叫喊、狂躁，难以平复心情。

（四）刻板行为

在课堂上经常站起来绕教室行走，喜欢重复教师的话语，时常出现绕圈、抠纸等刻板行为。

二、案例分析

该生在幼儿园阶段开始出现自闭行为，被诊断为自闭症，在普通学校无法正常学习，于是转学到本学校。自闭症儿童在社会交往、情绪发展上常出现一些问题，在该学生身上体现为以下方面。

（一）社会—情绪互惠的缺损

在社交过程中，该学生无法完成与他人一来一往的社会互动，只关注自身感兴趣的问题，常常机械重复自己的诉求或感兴趣的事物，对教师或同学提出的问题并不做出回应。这种双向沟通的困难是造成其社会互动障碍的主要原因。

同时，他也缺少情绪沟通与分享。在情绪互动过程中，眼神接触及情感反馈是分享情绪的重要基石，但自闭症儿童无法正确地表达情绪，也无法分享自我情绪。例如，在每次绘画课上，他完成作品后均不会与他人分享，对外界出现的声响不感兴趣，甚至不出现应激反应。

小宇觉察自身与他人情绪的能力也存在问题，他无法准确定位自身所产生的情绪，也没办法准确表达内心的情绪。如出现让其恐惧的情境时，他会以大笑来表达，面部表情及情绪体验分化方面存在缺陷，造成了与他人的社会交往出现问题，难以与他人产生共情。

（二）局限重复行为及兴趣方面的症状

自闭症儿童常常出现一些重复及固着行为，如固着或重复的语言、动作及对物品的使用，对常规会有过度的坚持或重复固定的仪式。小宇在学校中有自己的一套行为习惯，学习用品的摆放、固定的排队位置等一旦改变，其就会出现情绪波动。

他对某些事物或有兴趣的事物表现出超乎常人的执着与沉迷，他喜欢绘画，经常在各种课堂中出现不断绘画的行为，非常专注，绘画能力有所提高。如果对他的这一特点加以关注，可以将教育策略结合绘画进行，或者通过绘画与其对话交流，这是个事半功倍的切入点。

小宇容易对感觉刺激的输入产生过度的反应，这也成为教学过程中的一颗定时炸弹，当出现外界干扰时，小宇会出现烦躁不安、情绪激动的过激反应，甚至会出现严重的反抗行为，几个教师都难以控制，只有慢慢安抚才能让他安静下来。

三、教育策略

（一）顺应习惯，因势利导

自闭症学生常常有自己的一套学习习惯及规律，破坏其习惯容易引起他们的情绪波动。由此可见，了解观察学生的生活习惯是制订治疗方案的前提。通过了解发现，他日常的生活节奏十分规律，如7点起床，8点画画，傍晚进行体育运动等，通过与科任教师及家长的沟通，我们共同制订了适合小宇的个别化教育方案，在他日常的规律性学习过程中加入新授课的学习，如主题绘画、平衡训练、定位训练等。小宇平时喜欢不断琢磨自己的手指，发现这个特点后，我为他制定了手指指令训练，如大拇指对应目视教师，小拇指对应脚放平的指令，通过逐步训练，进而做到能通过触摸小宇相应的手指头，让他从原有的走神状态中转变过来，投入到较为集中的学习状态中，为能够进行知识教育做铺垫。

（二）赏识教育，点滴星火

想要走进自闭症孩子的内心，打开那把封闭的锁，需要教师用赏识的态度接纳孩子的一言一行，让孩子的自尊心及自信心得到满足。小宇的每一次良好行为，每一次做出的改变，每一次对自我内心的表达，都值得被肯定和鼓励。用具体的言语及时对他的每一次良好变化给予肯定，一个微笑、一次对视以及小小的礼物都会成为孩子成长的强大动力。对小宇每一幅绘画作品，我都会引导他向同学展示，邀请同学对他的作品进行点评，鼓励他与同学交流对话，等等，这些措施能够很好地帮助他建立起社会化情绪。点点滴滴的累积是打开温暖自闭症儿童心灵的点滴星火。

（三）沙盘教育，打开交往之门

小宇的社会交往比较缺乏，为了帮助他建立起社会性交往的概念，我制订了系列的沙盘治疗方案。在一个自由、受保护的空间里，学生通过在沙盘内用各种模型、玩具摆弄心灵故事来展示内心，更能通过沙盘这个小小世界的映射帮助小宇感知社会交往。在一开始的治疗中，小宇的沙盘中鲜有人物进入。通过主题沙盘的设置及沟通交流，后期，小宇的沙盘中终于增加了人物，有了朋友加入。这种变化也在现实学习中体现了出来，小宇开始有了朋友，有了沟通交流。这是一个神奇的变化。

图1　小宇的沙盘作品由无序、杂乱向有序转变

在第二阶段的沙盘治疗中，小宇与另外两名学生一起进行团体沙盘活动。团体沙盘活动通过群体成员之间的互动，可以帮助学生改善人际交往、学会理解他人，理解并尊重规则。在交互沙盘活动的治疗下，小宇学会了尊重他人，能够遵守规则，在沙盘活动中与他人和谐相处，也为他的社会性交往奠定了基础。

（四）家校共育，教育合力

家校共育是教育的关键，单靠教师是无法为小宇营造良好的教育环境的，而是需要多管齐下，合理利用学校与家庭的教育资源，实现家校共同培育。在辅导的过程中，我时刻与其家长保持联系，在与家长沟通后，共同制订治疗方案。同时，只有家校步调一致地转化教育，才能达到更好的教育效果。针对小宇的情况，我制订了平衡训练、注意力训练、目光追随训练、情绪体验训练等方案，指导家长利用家中的物品对小宇进行训练，从而达到更好的效果。

（五）同伴协同，互促成长

同伴的陪伴是成长的坚实助力，我校采用分科教学的方式，并在自闭症学生较为集中的班级设置助教教师，以此来帮助个别很难集中注意力的学生。在心理活动课过程中，一对一的教学模式是针对自闭症学生设定的，同时，采用分组教学，将能力较好的学生与需要辅助的学生组合为一组，加以两位教师的指导，以及两种教学方式的配合，以此来帮助学生更好地投入心理活动课中，从而获得进步及改变。在这种教育模式中，小宇也能更好地学习成长，增加良性行为，在同伴的督促下减少不良行为。

（六）体验式教育，嵌入心灵

对于特殊学生，尤其是像小宇这样的自闭症学生，说教能起到的作用微乎其微，只有体验式的教育才能让他们获取知识、获得成长。我校在课程中设置了心理活动课。心理活动课的过程不是简单的讲授过程，而是心理治疗方法与教育手段的结合，体验式的活动能帮助自闭症学生更好地去体验、接受。辅以多种类的治疗方法，在活动中实现治疗与教育的结合，是心理活动课发挥其作用的方式。心理活动课的设置不只是简单的知识传授，更是对自闭症学生社会交往能力、社会适应能力的训练。心理活动课目标的设置是使学生得到成长与进步，在心理活动课的设计过程中可加入具有地区特色的集体活动训练。例如我在一节心理活动课中设置了"舞龙"的环节，在学习过程中，既是对学生肢体平衡协调能力的训练，也是对学生社会交往能力的锻炼；既保证了趣味性，也与生活紧密结合，从而帮助学生更好地理解与学习。在心理活动课中也可以加入劳动技能训练，如"合作擦窗""拧螺丝"等小游戏等。在这些有趣的心理活动课上，小宇与其他学生都更为投入，收获更多。

四、效果

表1   小宇同学个性特征及干预策略效果检核表

个性特征	期初表现	干预策略	期末表现
语言表达	口齿清楚，词汇量大，但常重复句子，句子表达中缺乏"我"的意识	多引导其用带主谓宾的句子回答问题，指导其将句子中自己的名字换成"我"	口齿清楚，词汇量大，重复表达减少很多，自我意识逐步形成
行为规范	自我控制能力较差，上课常常站起来，听课时易走神	创建五指指令，逐步强化他认真听讲、遵守纪律的行为	能够坚持一节课不随意走动，能够较为集中精神地上课，但时常反复，周一时较难自控
情绪控制	情绪波动较大，遇事容易发怒、崩溃，不受控制	当他情绪波动时先尽量稳住他，等到他情绪冷静时再教导，通过沙盘引导其表达情绪	情绪控制能力有所提高，能够接受教师的批评。行为与情绪匹配度较高
身体协调能力	肢体协调能力佳，运动能力较强，活动灵敏。但容易出现无目的的乱窜乱跑行为，且目光与身体不协调	多训练其服从命令，充分发挥其特长，多鼓励	在与家长的合作运动训练下，小宇的篮球运动及协调性运动能力都有很大提高，也把篮球训练作为情绪疏导的良好方式，为提高情绪自控能力提供帮助
人际交往能力	因为有母亲陪伴，诉求用吼叫或用手指，与教师、同学的交往较少，抗拒他人的接近	学校生活即是社会交往的映射，通过与家长沟通，减少家长的陪护时间，给予他人际交往的空间，通过沙盘、心理活动课等创设交往情境	小宇在学校生活中逐步拥有了朋友，会在自由活动的时间与朋友做伴。在遇到问题时，会通过眼神或语言向教师表达，并寻求帮助
学习能力	各科学习能力均优秀，但笔画、数字书写等不够规范	上课多让他回答问题，指导其笔画、数字书写，布置简单的任务让其书写	各科学习能力均优秀，笔画、数字书写等规范度有所提高

通过一系列的训练与教育，在家校合力的共同努力下，小宇的变化很大，能够保持较长时间的专注，能够遵守学校的规章制度，学会了社会交往，也拥有了一两个朋友，情绪控制能力有所增强，很少出现失控行为，为

他进入普通小学奠定了一定基础。一个学年后，小宇回到了原来的小学接受教育。家长反馈，小宇在学习上取得了不错的成绩，在人际交往过程中也逐步融入新集体中，这样的变化让人感到十分欣喜。

五、反思

在小宇的辅导教育过程中，离不开家长与教师的共育方式的支持。这些改变都提醒我，要更注重与家长的沟通交流。只有进行针对性的教育，才能最大限度地激发一个人的潜能。针对每一名特殊儿童制订一份专门的个别化教育方案是辅导过程产生实效的前提。个别化教育方案制订的前提离不开对学生的充分了解。个别化教育方案是进行针对性教育的前提。

在对特殊学生的辅导中，关注+恒心+方法=成长，希望每一名特殊学生都能获得快乐，健康成长。

第二章 育人师说·微光造梦

都是自卑惹的祸

汕头市聋哑学校　林合惜

一、基本情况

杨×，男，16岁，2020年转校至聋校四年级就读。

二、主要问题

性格孤僻，缺少自信，对生活缺少积极性，十分冲动，自制力较差。

三、成因分析

（一）自身因素

杨×为重度听力障碍，双耳均佩戴助听器，使他在感知事物的途径上与普通学生有较大差异。由于生理缺陷所带来的有关认知、情感、思维等方面的特点，他比正常儿童更多地表现出自卑、多疑、孤僻、急躁等情绪。

之前他在普通学校就读，于2020年转到我的班级就读，他刚插班到我的班级时，对其他人极其不信任，不愿与同学一起参加活动，无论什么时候都佩戴口罩，上体育课的时候也是一个人站得远远的；不讲究卫生，经常朝其他同学吐口水；极容易因一件小事而与他人发生肢体冲突。

（二）家庭因素

杨×为住宿生，每两周回家一次，其父母均为外来务工人员，平时与他交流较少，只是一味地满足他的生活需求，他又缺少可以沟通的人，导致其对生活缺乏积极性。

（三）心理健康诊断测验（MHT）

我从跟杨×的聊天中得知，他在普校就读的时候，因为生理缺陷，常常被其他同学欺负，他们给他取外号，叫他"聋子"，甚至拿他的助听器当玩具玩，久而久之，他便形成了"谁碰我，我就反击"的条件反射。但是，对于他在普校的种种经历，他的父母均不知情。鉴于他的一些突出行为，我对他个人进行心理健康诊断测验（MHT），全量表由8个内容量表构成，杨某的8个内容量表的标准分分别如下：A为1分，B为7分，C为8分，D为8分，E为3分，F为1分，G为2分，H为6分，整个测验的标准分为36分，<65分。其中，C量表（孤独倾向）和量表D（自责倾向）的标准分≥8分，量表B（对人焦虑）和量表H（冲动倾向）为3~7分，表明该生情绪状况在总体上正常，但需要制订对人焦虑和孤独倾向的特别指导计划。

表1　学习焦虑测试表

心理健康诊断测验（MHT）		
A.学习焦虑		
（1）夜里睡觉时，你是否总想着明天的功课？	□是	☑否
（2）在教师向全班提问时，你是否会觉得是在提问自己，从而感到不安？	□是	☑否
（3）你是否一听说"要考试"，心里就紧张？	□是	☑否
（4）当你考试成绩不好时，心里是否感到不快？	□是	☑否
（5）当你学习成绩不好时，是否总是提心吊胆？	□是	☑否
（6）在考试时，当你想不起来原先掌握的知识时，是否会感到焦虑？	□是	☑否
（7）考试后，在没有知道成绩之前，你是否总是放心不下？	□是	☑否
（8）你是否一遇到考试，就担心会考坏？	□是	☑否
（9）你是否希望能顺利通过考试？	☑是	□否
（10）在没有完成任务之前，你是否总担心完不成任务？	□是	☑否
（11）当着大家的面朗读课文时，你是否总是怕读错？	□是	☑否
（12）你是否认为学校里得到的学习成绩总是不大可靠的？	□是	☑否
（13）你是否认为你比别人更担心学习？	□是	☑否
（14）你是否做过考试考坏了的梦？	□是	☑否
（15）你是否做过学习成绩不好时，受到爸爸妈妈或教师训斥的梦？	□是	☑否

注：凡是选"是"，得1分；选"否"则得0分。

该项得分：____1分____

表2　对人焦虑测试表

B. 对人焦虑		
（16）你是否常常觉得有同学在背后说你坏话？	☑是	□否
（17）受到父母评判后，你是否总是想不开，将他们的评判放在心上？	☑是	□否
（18）在游戏或与别人的竞争中输给对方，你是否就不想再干了？	☑是	□否
（19）人家在背后议论你，你是否感到讨厌？	☑是	□否
（20）在大家面前或被教师提问时，你是否会脸红？	□是	☑否
（21）你是否很担心老师让你担任班干部？	□是	☑否
（22）你是否总是觉得好像有人在注意你？	☑是	□否
（23）在工作或学习时，如果有人注意你，你心里是否会紧张？	☑是	□否
（24）当受到评判时，你心里是否总是不愉快？	☑是	□否
（25）当受到老师评判时，你心里是否总是不安？	□是	☑否

注：凡是选"是"，得1分；选"否"则得0分。

该项得分：　7分

表3　孤独倾向测试表

C.孤独倾向		
（26）当同学们在笑时，你是否也不会笑？	☑是	□否
（27）你是否觉得到同学家里玩不如在自己家里玩？	☑是	□否
（28）和大家在一起时，你是否觉得自己是孤单的一个人？	☑是	□否
（29）你是否觉得和同学一起玩不如自己一个人玩？	☑是	□否
（30）当同学们在交谈时，你是否不想加入？	□是	☑否
（31）当你和大家在一起时，是否觉得自己是多余的人？	☑是	□否
（32）你是否讨厌参加运动会和文艺演出会？	☑是	□否
（33）你的朋友是否很少？	☑是	□否
（34）你是否不喜欢同别人谈话？	☑是	□否
（35）在人多的地方，你是否觉得很害怕？	□是	☑否

注：凡是选"是"，得1分；选"否"则得0分。

该项得分：　8分

表4 自责倾向测试表

D. 自责倾向		
（36）在排球、篮球、足球、拔河、广播操等体育比赛输了时，你是否一直认为自己不好？	☑是	□否
（37）受到批评后，你是否总是认为自己不好？	☑是	□否
（38）当别人笑你的时候，你是否会认为这是自己不用功的缘故？	☑是	□否
（39）当你学习成绩不好时，是否总认为这是自己不用功的缘故？	☑是	□否
（40）当你失败的时候，是否总是认为这是自己的责任？	☑是	□否
（41）当大家受到责备时，你是否认为主要是自己的过错？	☑是	□否
（42）在参加乒乓球、羽毛球、篮球、足球、拔河、广播操等体育比赛时，你是否一出错就特别留神？	☑是	□否
（43）当碰到为难的事情时，你是否认为自己难以应对？	☑是	□否
（44）有时你是否会后悔，那件事不做就好？	□是	☑否
（45）当你和同学吵架以后，是否总是认为这是自己的错？	□是	☑否

注：凡是选"是"，得1分；选"否"则得0分。

该项得分：____8分____

表5 过敏倾向测试表

E. 过敏倾向		
（46）你心里是否总想为班级做点好事？	□是	☑否
（47）当你学习的时候，你的思想是否经常开小差？	☑是	□否
（48）当你把东西借给别人时，是否担心别人会把东西弄坏？	□是	☑否
（49）碰到不顺利的事情时，你心里是否很烦躁？	☑是	□否
（50）你是否非常担心家里有人生病或死去？	□是	☑否
（51）你是否在梦里见到过死去的人？	□是	☑否
（52）你对收音机和汽车的声音是否特别敏感？	□是	☑否
（53）你心里是否总觉得好像有什么事没有做好？	□是	☑否
（54）你是否担心会发生什么意外的事？	□是	☑否
（55）当你在决定要做什么事时，是否总是犹豫不决？	☑是	□否

注：凡是选"是"，得1分；选"否"则得0分。

该项得分：____3分____

第二章 育人师说·微光造梦

表6　身体症状测试表

F. 身体症状		
（56）你手上是否经常出汗？	☐是	☑否
（57）你害羞时是否会脸红？	☑是	☐否
（58）你是否经常头痛？	☐是	☑否
（59）当你被老师提问时，心里是否总是很紧张？	☐是	☑否
（60）你没有参加运动，心脏是否经常怦怦跳？	☐是	☑否
（61）你是否很容易疲劳？	☐是	☑否
（62）你是否很不愿意吃药？	☐是	☑否
（63）夜里，你是否很难入梦？	☐是	☑否
（64）你是否觉得身体好像有什么毛病？	☐是	☑否
（65）你是否经常认为自己的身形和面孔比别人难看？	☐是	☑否
（66）你是否经常觉得肠胃不好？	☐是	☑否
（67）你是否经常咬指甲？	☐是	☑否
（68）你是否舔手指头？	☐是	☑否
（69）你是否经常感到呼吸困难？	☐是	☑否
（70）你去厕所的次数是否比别人多？	☐是	☑否

　　注：凡是选"是"，得1分；选"否"则得0分。

　　该项得分：　　1分

表7　恐怖倾向测试表

G. 恐怖倾向		
（71）你是否很害怕到高的地方去？	☐是	☑否
（72）你是否害怕很多东西？	☐是	☑否
（73）你是否经常做噩梦？	☐是	☑否
（74）你的胆子是否很小？	☐是	☑否
（75）夜里，你是否很怕一个人在房间里睡觉？	☐是	☑否
（76）当你乘车穿过隧道或高桥时，是否很怕？	☐是	☑否
（77）你是否喜欢在夜里开着灯睡觉？	☑是	☐否
（78）你听到打雷声是否非常害怕？	☐是	☑否
（79）你是否非常害怕黑暗？	☑是	☐否
（80）你是否经常感到身后有人在跟着你？	☐是	☐否

　　注：凡是选"是"，得1分；选"否"则得0分。

　　该项得分：　　2分

表8 冲动倾向测试表

H. 冲动倾向		
（81）你是否经常生气？	☑是	□否
（83）你是否会突然想哭？	☑是	□否
（84）有时你是否觉得，还是死了好？	□是	☑否
（85）你是否经常想大声喊叫？	☑是	□否
（86）有时你是否想过自己一个人到遥远的地方去？	□是	☑否
（87）你被人说了坏话，是否想立即采取报复行动？	☑是	□否
（88）当你心里不开心时，是否会乱丢乱砸东西？	☑是	□否
（89）你想要的东西，是否就要一定拿到手？	□是	☑否
（90）你是否经常想从高的地方跳下来？	□是	☑否
（91）你是否会经常急躁得坐立不安？	☑是	□否

注：凡是选"是"，得1分；选"否"则得0分。

该项得分：___6分___

8项总分：___36分___

四、焦虑倾向个别的指导计划

（一）对人焦虑

杨×在众人面前感到不安，被人说了什么就总是想不开，受到批评总是闷闷不乐，没有魄力，不敢讲话。杨×的父母均为外来务工人员，每天都忙于生计，与他的交流较少。由于身理原因，杨×在幼儿时期没有得到适当的游戏伙伴，在普校读书时经常受到同学的欺负，节假日也只是一个人在家里看电视。他在受到老师的批评或父母责备时，会一直放在心上。同学们聚在一起聊天的时候，他又觉得同学们在背地里说自己的坏话，于是经常感到焦躁。

为了解决他由身理因素和经验不足引起的对人关系上的问题，必须把他本人放在朋友集团之中加以训练。于是我经常让他参加许多小组（如学习小组、游戏小组等）的活动。开始时，先在学习小组内参加活动，鼓励他发言，提出诉求，在课堂上，我经常让他到讲台上给大家讲故事，遇到简单的问题我就让他来回答，并给予他鼓励，让他感受到同学们和老师都是喜欢他、承认他的，帮他树立起对他人关系上的自信心。

（二）孤独倾向

由于被父母疏远，杨×性格腼腆、抑郁，经常因孤独而烦恼，在和大家一起做某件事情时，由于技术差、经验不足，经常感到失败的威胁。因此，他感到和大家一起玩还不如一个人玩。这样，他就越来越不想和大家一起相处。当别人高兴地相互谈话时，他就有一种我不仅不能参加，而且被人家排挤的心情。他与其他同学在学习上又有一定距离，渐渐地他觉得与他们没有共同语言，所以性格变得孤僻，做事独来独往，在同学们玩得很愉快的时候，他却一个人躲在角落里。不管别人怎样引诱，他总是一副冷冷的表情，一句话也不说。别人越是想亲近他，他越是这样，甚至送来一个反抗的"冷眼"。

因为他是住宿生，所以我特意让生活教师安排他跟校值队的学生干部同一个寝室，校值队的大哥哥经常带他同进同出，与他谈心，关心他的生活，帮助他解决困惑，引导他改正他不良的卫生习惯。

另外，我要求他的父母每周都要来学校接他回家，在家的时候多与他谈心，多关心他在学校生活、学习和交友的情况，多带他到外边走动，进而培养亲子感情。

（三）自责倾向

在学校教育中，我利用社会测量的结果把他的座位安排靠近他"喜欢的人"，并通过一对多的评价活动，建立评分机制，鼓励学生们发现他身上的闪光点，也鼓励他发现别人的优点，取长补短；然后以具体分数的形式落实到教学的每一天，让他在每天都能感觉到自己的进步，给予他得到别人承认的机会，进而改善与其他人的关系，以提高他的主动性和积极性。同时，引导他改变依赖性格，养成有主见的性格。

在家庭中，也要求他的父母减少斥责和限制，比如今天他帮忙打扫卫生了，帮忙洗碗了，还独立完成作业了，就给予表扬和肯定；或者给予适当的物质奖励，以提高其主动性和生活积极性。

（四）冲动倾向

杨×十分容易冲动，自制力较差，同学不小心碰了他一下，他反手就把这位同学推倒；做错事被批评的时候会大声喊叫，撕掉作业本甚至打砸身边的东西。针对这些，我经常找他谈心，对他给予更多的关怀，让他在发脾气之前先在心里数数，从1数到30，这样就转移了注意力。在他实在没办法控制自己、情绪相对较轻的时候带他去沙盘室玩游戏；当他情绪比较激动的时候，就将他带到心理宣泄室，击打橡胶人，让他将橡胶人想象成自己不满的人，进行暴力宣泄，让他达到心理的相对平衡。我跟他说得最多的一句话就是"有事请找老师"，哪怕只是芝麻大小的事情，我都会想办法帮他解决。

五、效果

经过一个多学期的辅导，杨×的性格开朗了些，愿意与他人交朋友了，自信心也增强了很多，很多复杂困难的事情都能主动要求去完成，但还需要我的提醒和鼓励。自制力相对稳定，但还是偶尔会发脾气。对生活也提高了积极性，但对家里的物质依赖还比较严重。

找回"话语权"

——构音障碍儿童重拾自信

汕头市特殊教育学校　何碧婷

《3—6岁儿童学习与发展指南》（2012年）强调儿童的整体发展，强调各发展领域之间的关系，其中，语言发展与其他领域之间的关系尤其受到重视。语言是表达自己诉求的最直接方式。如何帮助有言语缺陷的智力障碍儿童重新找回自我是作为一名教师的我应该去探寻的一个方向。因为我想为孩子做点什么。

一、学生基本情况

小工（化名），女，11岁，中度智力障碍学生。一是语言习得困难，主要表现为：词汇匮乏、发音不准、表达不清；二是不愿意说和不敢说，主要是因为学生本人比较内向、自卑、胆怯，表达自己的需求只能通过"指认"，缺乏交流的勇气，表现为不敢和他人对视，在人多的场合容易放弃自己的诉求，退缩和逃避；三是缺乏丰富的语言刺激，语言发育迟缓。

二、对策

（一）《唇舌操》、构音功能训练

采用的是顺德启智学校的《唇舌操》，其中包括：绷双唇、开合唇、顶颊、弹舌、噘裂唇、舌转圈、伸舌、咂舌、放松运动等内容，每天至少做1次，帮助学生进行口肌训练。

此外为学生制定一周一次针对构音器官功能训练表（见附录），包括舌头、嘴唇、颚、吹与呼、仿声等方面的训练内容，结果见表1。

表1　小工构音器官功能三次结果比较

单位：分

次数	时间	舌头	嘴唇	颚	吹和呼	仿声	总分
一	2020-03-12	1	2	0	1	0	4
二	2020-05-15	3	2	1	3	1	10
三	2020-07-17	6	5	3	6	4	24

注：每独立完成一项记1分。

（二）韵母练习训练

在构音器官功能有一定的基础上再对小工进行韵母发音练习，为接下来制定字词锻炼做奠基。从每个阶段的练习能看出小工的跟读正确率增加、读错韵母次数减少，特别是读不出来的韵母在慢慢减少，小工是有一定程度的进步的。

表2　小工韵母表跟读三次结果对比

单位：分

次数	时间	跟读正确的韵母	总计	跟读错误的韵母	总计	读不出来的韵母	总计
第一次	2020-08-10	a, e, i, u, ü, a, ao, ie, er,	9	把o读成e，把ei读成e，把ui读成nu	3	an, en, ou, in, un, ün, ang, eng, ing, ong	10
第二次	2020-11-14	a, o, e, i, u, ü, ai, ao, i, er, an, en, ou, ei, in, un	16	把üe读成en，把ün读成en	2	ang, eng, ing, ong, ui	5
第三次	2021-02-15	a, o, e, i, u, ü, ai, ao, ie, er, an, en, ou, ei, in, un, eng	17	把üe读成en，把ün读成en，把iu读成nu	3	ang, ing, ong, ui	4

（三）图文并茂，让沟通"零"距离

我是一名语文教师，语文可以说是一门枯燥的学习语言的学科，但是它同时是一门很有趣的学习汉字的课。利用智力障碍学生注意力易分散的特点，直观教学也较符合小工的学习特点，于是我常采用实物和图文相结合的形式进行授课。在教授《刷牙》这一课时，我首先采用呈现实物的方式，准备牙齿模具、牙刷、牙膏、漱口杯等刷牙工具，让小工直观地感受刷牙的全过程，从不断地教师操作到自主练习中认读这几个词语，在此基础上再进行图文匹配，以达到本节课需要掌握的"牙"字和日常表达自己刷牙时的需求的目标。在教授字词的时候，我会反复地让学生通过游戏、图文匹配、同桌互动的方式进行趣味记忆，让原本枯燥乏味的语文课堂变得充满活力。

（四）绘本阅读，锻炼言语能力

小工很喜欢听故事。每周，我都会安排一节阅读课，有选择性地找一些智障儿童容易理解的短故事绘本，让学生在观察每一幅图片的同时，激励小工表达出图片传达出来的颜色、人物、形状、故事发生的地点等内容，小工跟着同学们一起找出绘本里的人、事、物，这时我会及时给出评价和表扬，让她多开口表达自己看到的、想到的内容。在每次的阅读中，我也会留意她的表现，让她尽可能地试着主动和老师、同学分享她的想法。

（五）音乐中的语言魅力

现在，由于"互联网+"的快速发展，有些视频软件的开发能为智力障碍类型的学生所接受。于是我利用互联网这一资源，在网上找了类型手指操的视频片段，通过视频的动作和旋律，将动作分解成符合小工的认知能力和接受能力范围内的素材，让小工的身体和大脑动起来，让她在感兴趣的节奏感中激发起语言能力。在跟着视频一起跳的同时，激发她在动中感受语言的魅力和音乐的魔力。

三、反思

（一）反复性原则

我采用构音功能训练表进行了三次测验，分别是训练前、训练中和训练后，通过三次总结，发现小工从最开始只能独立完成所有内容的其中三项到通过坚持不懈的练习和试错，从最开始的协助到全部能独立完成，一共用了一学期的时间，进步最大的是舌头这一方面，也得益于平时训练的《唇舌操》。根据艾宾浩斯遗忘曲线，我们可以知道，知识是需要复习的，不然很容易被遗忘。我们都很难做到不遗忘，更何况是"特殊"的孩子。其实记忆是一个心理过程，需要我们不断地识记、保持、再认和回忆。孔子也说："温故而知新。"只有反复使用和练习，才能使我们原有的知识变得更加牢固。

（二）循序渐进原则

学习是一个漫长的过程，活到老，学到老。言语的训练也不是一蹴而就的，而是需要符合智力障碍学生的认知发展水平，根据孩子们的顺序性、差异性和不平衡性去因材施教，这才是对他们最大的帮助。

（三）鼓励性原则

俗语说"良言一句三冬暖"，孩子也需要表扬，及时的表扬能让他们在学习中更愉快。看到小工逐渐找回了自信，能主动开口表达她自己的需求，我由衷地感到高兴，她是我的骄傲。

（四）儿歌能激发智障儿童主动识字的乐趣

瑞士著名教育家皮亚杰说过："所有智力方面的工作都依赖于兴趣。"我很开心，能找到小工感兴趣的事情——音乐。她妈妈曾对我说："我发现，在放学和上学的路上，她居然在车里一路唱歌唱到家，而且都是我平时在放的歌曲，我都惊讶了。"听到这样的话，我居然有点泪目，有种"爱铁成钢"的感觉。

著名语言学家吕叔湘指出："实用语言是一种技能，跟游泳、打乒乓球等技术没有什么不同的性质。……从某种意义上讲，语言以及一切技能都是一种习惯，凡是习惯都是通过多次反复的实践养成的。"由此可见，只有创造语言和实践的机会，通过反复的实践，才能达到提高语言能力的目的。小工是我们班上一名较为安静内向的学生，她能够慢慢地打开自己，从而融入班集体，甚至主动帮助同学解决生活和学习中的困难，也许这是她的成长，我们也能逐渐听懂她想表达的内容，而不再是"指认"，她的进步我们有目共睹！

兴趣是求知的前提。只有真正找到学生需要什么，我们才能"对症下药"。也许就像托尔斯泰所说的："成功的教学所需要的不是强制，而是激发学生的兴趣。"现在的我也一直在成长，一直在学习，学着怎样在调动学生的无意注意的同时，促使他们的有意注意的发展，学着怎样才能让课堂更具趣味性，调动学生参与课堂的积极性，学着怎样做才能增强他们的自信，让他们在表达自己的意见或者想法的时候能清楚明了。作为教师，我们需要有"放大镜"般的眼睛去寻觅和挖掘学生的闪光点，仅仅对学生有爱心、耐心、诚心还不够，还应该有一颗善于洞察的心，帮助学生更好地进行康复治疗，能让学生有尊严地活着！

附：

构音器官功能训练表

训练内容		评量结果			
		独立完成	口头提示	示范	协助
舌头	1.舌头伸出和伸入的练习				
	2.舌头伸出外面再往上翘				
	3.舌头向左右移动				
	4.用舌头舔上下唇				
	5.舌头用力舔棒棒糖				
	6.舌头在牙齿外侧转动，做清洁牙齿状				
嘴唇	1.嘬起嘴唇做吹口哨状或嘟嘴状				
	2.闭嘴巴和合嘴巴的动作				
	3.下嘴唇左右分开				
	4.连续发一个音3秒以上，如"啊、哈、喔"等				
	5.露出上下牙齿，然后放松，重复做3次				
颚	1.上下牙齿咬合发出声音				
	2.做出咀嚼口香糖、软糖、巧克力等状态				
	3.下颚左右移动				
吹与呼	1.均匀呼吸训练				
	2.用吸管喝水				
	3.做不说话，"嘘"的动作				
	4.吹蜡烛或泡泡水				
	5.慢慢哈气				
	6.鼓起两颊，越久越好				

训练内容		评量结果			
		独立完成	口头提示	示范	协助
仿声	1.说出小鸡叫声"叽叽叽"				
	2.说出小狗叫声"汪汪"				
	3.说出小猫叫声"喵喵"				
	4.学拍手或鼓掌发出的声音"啪啪"				

第二章 育人师说·微光造梦

多动症儿童音乐治疗个案

汕头市澄海启智学校　林　婷

一、多动症简述

多动症，即注意力缺陷多动障碍（ADHD），是一种严重影响儿童心理发展的疾病。患有这类疾病的儿童一般表现为注意力不集中、易冲动、学习困难、多动等。多动症儿童一般靠药物治疗控制，但这不是一个从根本上解决问题的方法。因为音乐治疗是融科学、艺术及人际关系交往于一体的治疗技术，所以它能给多动症儿童以愉悦，并使学生远离药物，回归自然，是一种行之有效的治疗方法。

二、个案介绍

小浩（化名），男，13岁，五年级，是一个多动症患儿，语言表达能力较好，有一定的学习能力，曾经在普通小学就读一年，但由于无法自控，影响到其他同学，因此调到特殊学校来。通过观察发现，该学生存在以下表现特征。

（一）注意力不集中

小浩时常开小差，在座位上坐不住，在上课时随意走动，自娱自乐，不能遵循教师的教学步骤，会随意发出各种声音，眼睛无法注视一处地方，极易分心，参加集体活动感到吃力。

（二）情绪不稳定

小浩易激动，易兴奋，一点小刺激就会表现出不耐烦，甚至有攻击行为，任性，跟家长在一起更容易爆发不良情绪。

（三）多动

该生无法安静地坐在课室一节课，话多，会不时地起来走动，敲桌子，做各式各样的动作，不时地发出声音，不遵守学校课堂纪律。

（四）刻板行为

摸着玩具，抠手指，要听同一首歌，围着椅子转圈。

三、问题分析

（一）家庭环境的影响

小浩在普通小学的时候，出现了多动、注意力不集中等现象，家长以为是年龄小，长大就会懂得遵守，便没有加以重视。加之家长为了生计而没有把精力放在关注孩子的学习问题与身心发展上，直到孩子在普通小学没有办法继续上学，无法完成教师布置的作业。渐渐地，家长会对他没有耐心，指责他、批评他，导致他的叛逆心理、攻击行为等越发强烈。

（二）学校环境的影响

在普通学校的时候，小浩多次违反学校纪律，不能按时完成作业，在课堂上经常走神，成绩也不好。此外，他与同学关系紧张，发生一点小摩擦就会发脾气打架，经多次批评教育也未改变。因为教师要照顾到多数学生，没有太多的精力，所以慢慢地对其降低要求，仅要求他不要惹事，不捣乱。渐渐地，小浩变得无法无天，没人控制，自由散漫，没有同学愿意与他玩耍，从而使他产生了自卑心理，遇到困难的时候也是选择逃避，没有坚定的毅力。

（三）个体身心发展的因素

由于成绩差，常受到批评，同学的拒玩以及父母的责打，所以他产生了自卑感，没有得到内心的满足，又经常因冲动而做出攻击性行为，这些方面使他在成长过程中受到严重的阻力。经过一段时间的观察，我发现小浩对音乐的学习能力与智力水平不相上下，能认真听完一首曲目并且做出相应的反应，这足以证明他的听觉能力与听辨能力是没有问题的。于是我选择音乐治疗对他进行课程训练。

四、多动症儿童音乐治疗的方案

（一）制定治疗计划的目标

（1）长期目标。通过音乐活动培养训练注意力，释放情绪的能力和方式，消退多动行为。

（2）短期目标。在音乐中找到宣泄情绪的方法，使学习技能得以提升，感受自己学习能力的进步，增强信心和勇气，学会用非语言的手段进行交流，提高注意力。

（二）音乐治疗的方法

1. 音乐治疗——控制情绪的训练

首先，从音乐对人的心理影响来说，音乐可以成为情绪的载体，将多动症者内心狂躁、焦虑、不安等情绪释放出来，放松心境。其次，音乐可以激发多动症儿童的想象和联想，使其充分认识自我，达到情感升华。最后，在音乐当中，可以达到个体自由，找到内心的世界。例如，控制情绪可以采用不同乐器的音色、音量、速度来进行比较。在课堂上演示不同的节奏、音色，在对比当中感受不同的地方，进行非语言交流，让小浩能够根据高音量、节奏等来进行情绪宣泄演奏，用温柔悦耳的乐器进行演奏，调节心境，再进行沟通。在唱歌的过程中，也可以选择儿童喜欢的流行歌曲或动画片中的歌曲来表达感受，也可以采用对答的方式来了解多动症儿童的想法。

例：1=C2/4师：3 5 __ 5 | 3 5 __ 5 | |

小 浩 你好 吗？

生：3 5 __ 5 | 3 5 __ 5 | |

我很 好 谢谢 你！

2. 音乐治疗——学习技能的训练

小浩会有学习困难的问题，可用歌曲来教导多动症儿童进行结构式学习。如把需要学习的知识点编在歌词里面，让他边学音乐边记住知识点，在这个过程中可以加入乐器、动作等辅助帮助加强记忆，聆听专属音乐的内容之后，可以提问：这首歌说的是什么内容？以此来了解记忆的情况。这种音乐欣赏加入了音乐以外的东西，借助音乐的力量帮助他学习，感悟新的知识点。音乐治疗的方式不仅可以缓和紧张的家庭关系，同时可以改变教导技巧，促进学习技能的训练。

3. 音乐治疗——交往能力的训练

当小浩跟小朋友交往时，会受到小朋友的排斥，常常喜怒无常，不懂得如何与人沟通交往，甚至会出现攻击性行为。针对这一方面，我采用的音乐治疗方法是合作式律动音乐疗法。例如，在班里播放一首大家都熟悉的歌曲，学生们跟着哼唱，做出配合动作。在课堂上选择《拍手拍手踏踏脚》，歌词是"拍手拍手踏踏脚"，组织学生排成小火车的队列，一起在班里律动。当听到"眼睛，鼻子，嘴巴，耳朵"这句歌词就互相指着相对应的部位。这样既可以一起互动，也可以学习到知识。经过这类互动，小浩学会了合作，妥协、接纳别人的交流方式，从而融入集体。

值得注意的是，在集体音乐治疗的过程中，会存在多动症儿童不配合的现象，这将会给教师带来压力，也有可能在组织活动当中学生之间产生摩擦，要及时观察并找出原因，例如，当表扬其中一个学生时，其他学生起哄，或者也想要得到表扬，根据这类问题，要及时处理，并且借此机会对多动症儿童进行社会交往技能的训练。

4. 音乐治疗——注意力集中的训练

注意力集中训练，在规定时间内听、看追踪目标能力的训练。在音乐治疗当中，我会训练小浩听鼓的声音，用鼓敲出声音，让他听到声音消失为止，接着敲击两声，中间停顿一下，及时观察小浩做出的反应，如果他能接受，可以更换回音短的乐器，如木鱼，让他听出音的长短，从而达到音乐节奏训练的目的，通过音乐的连贯、断奏，音乐时值的长短来训练他的注意力。

五、教育成果

表1　小浩音乐治疗评估表

项目	内容	前期评估	后期评估
非音乐评估项目	行为规范	好动，坐立不安	能坚持自己坐半节课，但后半节课仍需提醒
	情绪控制	情绪变化剧烈，兴奋激动，容易冲动	在一般情况不会大喊大叫，懂得释放情绪

第二章　育人师说·微光造梦

项目	内容	前期评估	后期评估
非音乐评估项目	注意力集中	容易分心，不能集中注意力，好动	注意力能集中大约一首歌的时间
	学习能力	不好学，没耐心，不完成教师布置的作业	能自己模唱歌曲，学习一些自己喜欢的曲目
音乐评估项目	模唱歌曲	简单	复杂
	仿拍节奏	×，××	×，××，×××，×××，××××
	分辨音乐的强弱	能用手示意	能唱出强弱
	分辨音乐的快慢	能用手示意	能演绎
	集中精神聆听音乐	没办法聆听一整首歌	能聆听，也能完整地演绎出一首歌的内容
	理解歌词的含义	能理解简单的	能理解大部分儿歌

在学校、教师跟家长的交流当中，我发现小浩进行了一段时间的音乐治疗之后，情绪稳定了许多，没有出现暴力、攻击性行为。也许小浩没有学会表达，没有学会释放情绪，导致人际关系紧张，这是造成挫败感的主要原因。在音乐治疗的过程中找到一种新的情绪表达学习模式，带来非语言的交流，音乐力度的表达，节奏的训练，律动方式等，使小浩理解并学习如何与同学团结合作，释放情绪。在2020年11月参与学校组织的活动中，小浩和同学们一起到广州参加"瑕之美"特殊孩子艺术节广东省文艺会演，为学校赢得了优秀展演奖。

图1 "瑕之美"特殊孩子艺术节广东省文艺会演证书

六、教育反思

"路漫漫其修远兮，吾将上下而求索"，在给予多动症儿童音乐治疗时，要以尊重、保护为原则，在跟学生交流时要注意语气、语调、语速、面部表情等，避免给学生造成伤害。就算在教育上仍有明显的问题，也要逐步反思，逐步解决问题。

对症下药，帮助听障"问题生"走出困境

汕头市聋哑学校　江　涵

一、个案介绍

小杰（化名），男，11岁，就读四年级，听力损失严重。在性格上，小杰是一个贪玩好动、内心敏感脆弱的学生。不能与同班同学好好相处，时不时与同学产生冲突。在面对教师的询问时，他习惯于隐瞒过错，将错误归结到别的同学身上；当教师批评教育时，他又"老实巴交"地点头，表示自己知道错了，但往往过了一两天，又开始和同学打架。上课时，小杰能睡觉就睡觉，能不听课就不听课。久而久之，这样的厌学情绪导致他的语言理解能力差，面对教师的批评教育，不能理解其中自己的错误，导致小杰的三大明显问题恶性循环。

问题一：常常和同学打架，同伴关系紧张

每到下课时间，小杰的同班同学就常常排着队向教师告状。"老师，小杰又打我了。""老师，小杰刚刚推我。""老师，刚刚小杰折断了我的铅笔。"……教师向这些同学了解到，往往是在同学们夜自修学习、上课自习的时候，小杰就会离开自己的座位，到处找同学聊天和玩耍，但是为了好好自习，完成作业，同学们通常不会理会小杰。这时候，小杰就会开始"动手动脚"，先用手阻止同学写作业，又或者用脚踢同学的椅子，千方百计想要引起同学的注意。而如果同学继续不理会，他就会转移目标，选择下一个能够一起玩耍的同学；而如果同学推搡了一下小杰，让他和自己保持距离，小杰就会变本加厉，将同学的推搡理解为和自己的玩闹，于是更加用力地推搡

同学。这样一来，小杰和同学便常常打架。同学们打从心底里认为，小杰是个坏学生，因此小杰几乎没有朋友，同伴关系十分紧张。

问题二：习惯说谎，无法改正错误

每当老师询问小杰：知道自己错在哪里了吗？小杰只会一个劲地把自己的过错推脱给其他同学："是他们先推我的！""是他先影响我学习的！""是他先拿了我的橡皮！"……而当教师核实情况的时候，几乎每次都能发现是小杰在撒谎，为的是希望逃避教师的指责。而当小杰知道自己百口莫辩，便开始向教师"道歉"、向同学"道歉"，表示自己知道错了，还会哭着说下次不会再犯。而往往只过了一天，同学们被影响、被推搡的现象又会重演，小杰"好了伤疤忘了疼"，学不会改正自己，学不会好好地跟同学们做朋友。

问题三：学习理解能力差，厌学情绪重

在上课的过程中，小杰总是百无聊赖地趴在桌子上，有时候望着窗外，有时候和同桌搞小动作，无法集中注意力听讲。对于听障学生来说，如果不看教师的手语，根本无法知道教师的上课内容。到了夜自修的时候，小杰常常不会做作业，不知道应该怎么做，向教师询问答案，教师的解题过程和方法一概不学，只求最后的答案，有时候随便乱涂乱写，有时候抄写别的同学的答案。他对学习毫无兴趣，理解能力跟不上，在学习水平上，渐渐与同班同学分层，一些基本的语言表达和理解方法也没能掌握。

二、案例分析

（一）自身原因

由于听力障碍的存在，在家庭中，父母和小杰几乎没有办法沟通，父母工作的忙碌让小杰内心有浓重的孤独感。周末，小杰也没有任何玩伴，只是自己玩电脑游戏或看漫画书。随着自我意识的觉醒，他能够逐渐发现自己的身体缺陷，邻居的小伙伴们也会向他投来奇怪的目光，在小杰心里种下了自卑的小种子。在学校里，小杰处理不好同学关系，无法让自己"受欢迎"，于是想尽办法引起老师和同学们的注意，让更多的关心和关注投射在他的身上。而当老师批评的时候，他又蜕变为一个脆弱的小孩，轻易地就流下了眼泪。孤独自卑，敏感脆弱，渴望被关注，让小杰的问题行为有了诱因。

（二）家庭原因

小杰家住农村，父母是工厂里的工人，学历水平不高，工作也十分忙碌。生下小杰以后，父母四处打听，终于把小杰送到了寄宿的聋哑学校，周末，因路途遥远，父母有时候则把小杰寄养在学校附近的家教中心。为了谋生，供小杰的姐姐读书，父母很难把心思花在孩子的教育上，很少主动和教师沟通，即使在和教师沟通时，也是数次表示无奈，只能反映小杰在家里的状态，自己在家庭教育上没有干预和管理的措施，"我也想批评他，教好他，可是他听不见"，父母不会手语，而小杰还不太能书面表达，因此小杰和父母的沟通几乎为零。父母疏于情感关注，只能在生活上尽量满足他，给他一点零花钱买零食和小玩具，平时让他玩电脑游戏就能够轻松阻止他在家里"捣乱"。缺乏家庭教育，以及错误的家教方式，为小杰频频出现的问题埋下了隐患。

（三）环境原因

环境对人有很大影响。通过课间观察，我发现班级内有"小团体"现象。一个小团体内的学生为了在团体内保持稳定性，一般会受到互相影响而达成对外界事物的共识。如果团体中有主导地位的学生有对某一学生的刻板印象，则一整个团体就都孤立该名学生，这是群体歧视的表现。而因为这种因素的长期存在，在班级里很难形成互相爱护、互帮互助的良好氛围。同学们尚未理解小杰的意图，便判断他做的事情都是不好的、有破坏性的，小杰的交友信号还没发出，便被同学们集体掐灭。这种刻板印象会产生误会，影响班级同学同伴关系的发展。从某种程度而言，小杰的问题行为是对这种不良现象的反击。另外，班级还未形成积极踊跃的学习氛围，无法影响和带动小杰产生学习兴趣和竞争心理。

三、教育策略

（一）家校合作促成长

在教育教学过程中，我除了阶段性地和家长了解学生在家的情况之外，在发生特殊情况（比如学生打架）以及学生整体状态较大改变时，还主动和家长联系。在与家长联系的过程中，我尽量通过话术把握有效沟通。在和小杰家长沟通时，我尽量避免让此通电话成为家长单一的"倾诉热线"，而是在沟通中启发家长做能做的事，做正确的事。

我常通过教学录像将小杰在课堂上的良好状态和回答问题正确的时候的录像传给家长，让家长不要放弃对学生的教育和指导。同时，提醒家长通过日常手语交流小册子，和孩子一起学习手语，让孩子在家长主动靠近的过程中感受到被关爱和被关注。

借助家校合作日，让家长通过孩子的比赛和活动观摩自己孩子的举动；举办家长手语比赛活动，在孩子面前，家长也想做好表率，也让家长通过手语走进孩子的世界，拉近和孩子之间的距离。

（二）鼓励与启发并举

当敏感脆弱的学生犯错时，应当以鼓励和启发并举的方式为突破口开展教育。只要这样，学生才愿意逐渐放下对教师的戒备，相信教师会公平公正地看待问题。对于听障学生而言，学生把手语当作声音，把表情当作语气。于是，我在教育过程中，尽量把控好表情艺术，运用学生的语言进行劝说和教育。当小杰犯错而支支吾吾不愿意承认自己做错事时，我会耐心地告诉他，敢于承认自己做错事是男子汉的行为，只有胆小鬼才会欺骗老师。小杰眼睛一转，这才点了点头。我表扬他："你敢做敢当，同学们会喜欢你，愿意和你一起玩耍。"小杰听到这些，就害羞地抿了抿嘴。接着我用换位思考的方式，请一个同学从椅子后面"推"了我一把，小杰看到正在翻页改卷的我因为被推了一把，导致试卷被笔戳破了。小杰又定睛一看，是他自己的试卷，他突然吓了一跳，主动跟同学和老师道歉。

在语文课和班会课堂上，我也会制作可爱的漫画图、寻找一些有趣的动画视频给学生看，用这样亲切而通俗易懂的方式让学生们从中明白"好好和同学们相处""做勇于承认错误的好孩子""学会改正错误的孩子会得到一份奖励"……让小杰通过观看自己喜欢的漫画和动画片，从中受到启发，学习做一个好学生。

（三）兴趣利导，因材施教

如何解决听障学生的厌学问题一直是我耐心关注的一项重要课题。要想持续不断地激发学生的学习兴趣，需要创新教学方式、教学氛围、教学环境，更新学生的学习状态。课前的游戏比赛、动画微课的运用、抽签学习伙伴……甚至不断改善教室的环境，变更桌椅的摆放顺序，通过一些有趣、新奇的事物变化让学生感觉到课程不是一成不变、死气沉沉的。一次合作探究课，为了集中上课的焦点，我让学生将桌椅摆放成半圆形。这时我注意到，小杰离开了熟悉的座位，已经没有了往常的困意，目不转睛地仔细观看教师上课。

为了激励学生们学习，我不以成绩论排名，而是以进步的分数跨度进行激励和表扬。小杰每当因为自己的成绩进步而在同学们面前领取我定制的"鼓励奖章"时，脸上都有一丝害羞的骄傲。

同时，我也为学生定制了个性成长卡片，并且动态更新，记录学生的表扬和批评事项、令教师和同学们印象深刻的地方、活跃的爱好和长处等，拍照记录精彩瞬间。等到学生们生日的时候，制作成礼物卡送给学生们。当小杰收到礼物，看见自己打乒乓球时的认真模样时，他开心地笑了。

为了让每个学生都有机会成为课堂的小主角，我为他们设置了"我的快乐世界"主题课程，根据每名学生的特长，让他们做15分钟的小主角。当我发现小杰擅长打乒乓球时，便组织全班学生到操场观看乒乓球PK赛，小杰守擂成功，并且颠球最长时间，在游戏环节也获得了第一名，成为班里的"体育小达人"。通过兴趣利导、因材施教，学习不再是一个枯燥乏味的过程，而是一个充满乐趣、能够通过多个角度证明自己的舞台。

（四）氛围规整与改善

为了改善班级的"小团体"现象，首先我通过"摸底调查"掌握班里目前几个具有"代表性"的团体。通过摸清班级中的同伴关系网络，我在设置课程环节、班级座位、合作搭档、比赛对手等时有更大的参照性。我以打乱班级小团体的紧密性为准则，扩大学生与学生之间的交往面，扩大同伴关系网络，促进学生们之间的密切交流，尤其在性格反差较大、学习水平相差较远、兴趣爱好不统一的学生之间，熟悉度并不高，通过这种方式更能够加深其对彼此的认识。

通过设置电脑抽签流程，让学生们抽选自己的合作伙伴，一起完成作业。小杰通过抽签，抽选到了班里最安静的一名同学。他们需要合作完成一本画册。我注意到，因为合作伙伴的性格内向，小杰的"闹腾"没用了，自然就收敛起来，反而将自己的外向化作乐于助人的温柔。在合作过程中，他占主导，却会辅助自己的伙伴完成任务，也因此有了一个安静的好朋友。

在班会课堂上，我借助漫画图片、视频等引导学生多角度地看待问题，同时应当拥有独立思考判断的能力。"交朋友需要条件吗？""当所有人都不喜欢他时，我们可不可以勇敢地说喜欢？""好学生和坏学生的区别是什么？"等发问，让学生思考，观看例子得出结论。通过多种方式，对班级氛围进行规整和改善，帮助学生们建立一个团结且有凝聚力的集体。

四、成果与感悟

我通过将自己育人策略的重点调整为以上四个方面，一段时间下来，小杰的同伴关系逐步得到改善，学生们愿意主动和他一起做游戏；在宿舍生活里，学生们也愿意和小杰互帮互助。偶尔我还是会接到学生们打的小报告：小杰又闯祸啦。可是每当我和他好好谈话时，他不再说谎话，而是敢于承认错误，承担责任。通过他的眼神和举动，能够看出他也在慢慢地理解教师的教育。小杰在课堂上不再打瞌睡，能够认真听，即使成绩没有突飞猛进，但是愿意慢慢开始独自完成作业。他也发现，只要自己稍微努力了一点，就会有进步，只要自己多一点改变，老师和学生们就更加喜欢自己，自己在班级里就越来越突出和重要……

在对小杰的改变上，作为一名资历较浅的特教教师，我颇有感触。

首先，当一名听障学生成为很明显的"问题生"时，教师应该保持独立思考的能力，客观地看待问题，不能将"问题生"等同为"坏学生"。抱怨和一味地批评是徒劳的，也许学生会害怕一时，却不会真正解决问题。

其次，透过现象看本质。听障学生制造乱子，频繁被打小报告，占用教师、父母和学生们的时间，而没有出现实质性的伤害、闯出天大的祸，实际上这都是缺爱、想寻求关注的表现，本质都是一个敏感和脆弱的小孩。然而能够看穿这一点的，除了教师本身也几乎别无他人，应当把握自己这一珍贵的视角。

再次，制定合理"对症"的育人策略。"问题生"身上往往不只有一点问题，这些问题生成的根因是复杂的，对这些问题的解决也不是一蹴而就的。从内部到外部，从个人到集体，从知识理论到实践感受，每一方面都是互相联系和影响的。育人策略应该寻本挖源，全面而且详尽，并且根据学生的发展情况适时做出调整。

最后，回归初心，坚定自己的育人准则。特殊教师的任务就是帮助学生在成长中树立自信，找到适宜的发展道路，成长为一个完整的人。"问题生"就好像一个生病的小孩，教师就是"治病救人"的仁医。只有望闻问切、对症下药，才能药到病除，帮助听障"问题生"走出困境。

“孩子，没事，走出来……”

——巧用隐喻故事疗法的个案分析

汕头市特殊教育学校　钟泽萍

特殊家庭子女在学习认知、人际适应、行为、情绪、性格、自我概念等各个方面以及总体心理健康状况方面均显著劣于普通家庭子女；特殊家庭子女首先是自我概念差，其次是学习认知问题较多，再次是性格缺陷和情绪问题。近年来，中国的离婚率节节攀升，而在中国有70%的离异家庭涉及孩子，据调查，离异家庭的儿童大部分存在自卑、敏感、抑郁、憎恨、学习困难、社会退缩、社会性发展不良等表现。

隐喻故事疗法是将真实的事物以影射、投射、模拟的方式用故事表达出来，在心理咨询中，最早是催眠大师米尔顿·艾瑞克森将隐喻故事用在咨询过程中的，他通过充满幽默感又多层次的沟通方式巧妙地引导来访者逐步改变自己的意识，放下抗拒，学会接纳，改善心理状况。

一、案例概况

小宁（化名），女，11岁，某特殊学校视障三年级学生，先天性的视力障碍，属于低视力二级。一年级入学时，小宁已经9岁，比较安静、胆小，平时较少与同学交流玩耍，但还是可以正常上学并完成作业。在上二年级时，小宁的爸爸妈妈因感情不和而离婚了。从此以后，小宁就更安静了，平时总会噘着嘴，如果被教师批评或者同学说了让她不喜欢听的话，她就会躲起来，有时躲在桌子底下，有时会躲在厕所间不肯出来；如果被教师在课堂上批评了，她会噘嘴，然后大叫，影响教师的正常上课。

一开始，小宁还能够在教师的耐心引导下，在短时间内冷静下来，但是上了三年级以后，问题行为出现的频率越来越高，甚至程度越来越严重，教师的引导也开始显得没有效果了。于是，班主任老师和家长沟通之后，来到了我这边寻求帮助。

小宁的妈妈是一个服装厂的缝纫工人，是比较典型的潮汕女人，保守、安静，在与小宁爸爸的婚姻中，比较逆来顺受，曾遭受过家庭暴力和语言暴力。与小宁爸爸离婚后，妈妈独自抚养小宁，在日常生活中，对小宁无微不至地照顾，什么事情都帮小宁考虑好、做好。

经过与小宁班主任和小宁妈妈的沟通，我初步了解了小宁的问题行为背后是家庭的问题，如果直接面质，小宁的阻抗情绪必定很强，结合小宁的年龄特点，我认为采用隐喻故事疗法来帮助小宁是较为合适的。隐喻故事疗法既没有模式化的强化或者惩罚模式，也不是晦涩的面对面心理咨询对话，在咨询过程中，心理教师引导儿童通过隐喻的故事来表达内心的冲突、焦虑和困惑，通过诉说故事、回应故事的方式逐步克服阻抗情绪，深入来访者内心，从而使来访者表达出潜意识的情感和需求。

二、咨询目标

（1）短期目标。积极面对内心的冲突矛盾、焦虑，正确宣泄负面情绪，改善问题行为，能够适应学校的学习生活。

（2）长期目标。积极的应对问题方式和乐观的生活态度，引导儿童正确认识世界，促进心理成长。

三、辅导过程片段

（一）建立信任关系

第一次咨询是小宁妈妈陪着小宁一起来的。刚进心理咨询室时，小宁显得有点局促不安、手足无措，不知道该做些什么。我示意小宁妈妈带着小宁坐下，然后拿了一些玩具给小宁，并且向她问好。但她并没有做出回应，而是紧紧握着妈妈的手，眼睛看着地面。此时的小宁是紧张不安的，于是我准备采用音乐疗法，播放《春天的阳光》来给小宁进行放松，并示意小宁妈妈陪同完成。18分钟后，小宁放松了一些，于是我准备开始进入正题，引导小宁讲故事。

心理教师：小宁，平时你喜欢玩游戏吗？

小宁：（点点头，小小声）喜欢。

心理教师：那我们一起来玩个小游戏好吗？小朋友们都特别喜欢这个游戏。游戏的名字是"会讲故事的小仙女"。教师这里有一个仙女棒，这个仙女棒有一个神奇的魔法，就是谁拿到了，就会变得特别会讲故事。

小宁：（有点疑惑）真的吗？老师，这么神奇吗？（接着拿起来了仙女棒，摸一摸，闻一闻，凑近了看一看）这个仙女棒真漂亮！老师，我想到了一个故事。

心理教师：可以讲给老师听听吗？

小宁：（点点头，开始讲故事）森林里正在举行一场朗诵比赛，有好多小动物都来参加了，有小猴、小兔子、小狗、小羊……

心理教师：这么多小动物呀，那肯定很热闹！

小宁：是的。现场有很多很多的观众，小动物们一个一个上台朗诵，还有音乐伴奏，他们都朗诵得特别好听，没有断断续续，也没有忘记内容。最后小兔子获得冠军，她戴着皇冠，捧着奖杯开开心心地回家去了。

心理教师：小兔子真的太棒了，那回家之后呢？

小宁：回到家，小兔子的爸爸妈妈都夸小兔子太棒了，他们都为小兔子感到骄傲，还给小兔子买了一条漂亮的小裙子作为奖励，然后一家人一起吃着丰盛的晚餐。

心理教师：这个故事有给我们什么启示吗？

小宁：有，故事告诉我们要好好背诵，这样在朗诵的时候才不会忘词，才可以像小兔子一样在舞台上有优秀的表现。

故事分析：小宁因为自身先天的视力障碍，一直都较为自卑胆小，每次教师提问，她就会很紧张，本来会的知识也回答不出来了。在小宁的故事中，小宁将自己隐喻为小兔子，故事主要有两个方面的内容：一方面是小兔子自信的朗诵获得冠军；另一方面是小兔子和睦美好的家庭生活。其实这两个方面都表现出了小宁的反向形成防御机制，小宁通过故事中的隐喻来补偿现实中的心理缺憾。此时如果我直接去指出小宁的防御机制，那么必然会使小宁陷入尴尬和不安中，于是我没有再对这个故事做出回应，而是继续聊天，与小宁建立轻松信任的咨询关系，待之后咨询时再指出问题。

（二）勇敢一点，走出来

第三次咨询，小宁是自己来到心理咨询室的，虽然她没有像第一次那么紧张拘束，但还是相对比较紧张拘束。

心理教师：小宁，来，我们先一起来听听音乐好吗？

小宁：好的。

于是我们先进行音乐放松，大约15分钟后，小宁慢慢放松了下来。我还是拿出了仙女棒给小宁。

心理教师：小宁，今天我们继续来讲故事好吗？

小宁接过仙女棒，开始讲述故事。

小宁：今天，森林学校要举行开学典礼，小兔子要去参加，可是小兔子睡过头了，醒来的时候发现时间有些来不及了，于是她紧张得哭了起来。兔爸爸看到小兔子哭了，很生气，骂了小兔子几句。小兔子哭得更大声了。兔爸爸更生气，想要打小兔子。这时，兔妈妈来了，跟兔爸爸吵了起来。最后兔爸爸很生气地走了。兔妈妈把小兔子送到了森林中参加会议，不过最终还是迟到了。小兔子赶到时，河马老师刚刚点好名，看到小兔子才到，于是狠狠地批评了小兔子。小兔子觉得很委屈很害怕，不知道应该怎么办，于是她跑到了厕所里，把自己关在厕所里面，蹲下来抱住自己。

心理教师：小兔子因为被河马老师批评，所以很害怕，躲在厕所里面，蹲下来抱着自己是不是感觉比较安心一些呢？

小宁：是的，因为小兔子不知道该怎么办，放学回家肯定也会被妈妈骂的。因为早上她自己起不来，迟到了，还害得爸爸妈妈吵架了。

心理教师：兔妈妈也会骂小兔子吗？

小宁：会的，兔妈妈肯定会觉得小兔子真不乖，一点事都做不好，兔妈妈一定是不爱小兔子了。

心理教师：老师也给小宁讲一个故事好吗？

小宁：（期待地点点头）好呀！

心理教师：今天，森林学校要举行开学典礼，小兔子要去参加，可是小兔子睡过头了，醒来的时候发现时间有些来不及了，于是她紧张得哭了起来。兔爸爸批评了小兔子。小兔子很难过，但是转念一想：爸爸可能是因为我什么都没说就一直哭，所以才会批评我的。兔妈妈急忙将小兔子送到了学校。小兔子到教室的时候，被河马老师批评迟到了。小兔子很委屈，但是想到确实是自己迟到了，于是就跟河马老师道歉，并保证以后不迟到，一定准时到学校。于是河马老师表扬小兔子知错能改。放学回家后，小兔子和妈妈说了跟河马老师的对话，并且承认自己今天早上起不来而迟到了是不对的。说完之后，小兔子以为妈妈会批评她，但是兔妈妈只是抱了抱小兔子，并和小兔子一起想以后怎么样才能准时上学呢。

小宁：那她们想到了吗？

心理教师：正在想呢。要不我们也帮她们一起想一想，小宁觉得有什么好办法吗？

小宁：可以让小兔子设置一个闹钟，或者晚上早一点睡，或者让兔妈妈早上早一点叫小兔子起床……

故事分析：由于小宁的父母长期感情不和，甚至爸爸有多次殴打妈妈的情况，最终以离婚收场，所以小宁对于家庭氛围的理解是压抑的。在故事中，小兔子依旧是小宁本身，兔爸爸和兔妈妈指的是小宁的父母，河马老师指的是小宁学校的班主任老师。经了解，在现实生活中，小宁迟到后，由于班主任老师知道她的性格，便没有批评她，而是温和劝说她进教室，是小宁自己不愿意进去。在故事中，小宁将妈妈和老师的行为夸大，是为了减轻自己的负担，觉得自己被批评就是不被爱。在互说故事中，引导小宁放松下来，认真面对现实，教会她理解妈妈和老师并不会因为她迟到而不爱她，遇到问题时，逃避并不能解决，而是要勇敢面对，和老师或者妈妈一起想办法解决问题才是最重要的。

（三）积极、自信起来

第六次咨询，小宁来到咨询室后，主动和我打了招呼。

小宁：（挥挥手，并拿出一块糖果）老师，你好！这是我最喜欢吃的草莓软糖，给您。

心理教师：谢谢你，小宁！这糖果真好看，一定很好吃。

小宁：老师，这个星期我想和你分享一个故事，我一直在等着周三的到来呢。

心理教师：好呢，那小宁讲给老师听听。

小宁：今天，森林组织了一次趣味运动会，小兔子鼓起勇气报名参加了。小兔子来到了起点，首先跑步来到了寻宝洞，小兔子摸索着进去，通过两关，得到了一个宝箱，你知道里面有什么吗？

心理教师：是什么呀？我好想知道。

小宁：里面有漂亮的小裙子和鞋子，还有小仙女皇冠。接着小兔子继续往前跑，来到了独木桥环节，可是小兔子很害怕，不敢过去，只是站在桥头发抖。

心理教师：小兔子是害怕在过桥的过程中会掉下去吗？

小宁：是的，小兔子感到很害怕，但是旁边没有人可以帮助她。

心理教师：那小宁有没有什么好办法可以帮帮小兔子吗？

小宁：（歪着头，认真思考着）对了，小兔子可以找一根小竹竿，保持平衡。我看过一个电视节目，人家就是拿着一根竹竿过独木桥的。妈妈告诉过我，这样可以保持平衡，就不会掉下去了。

心理教师：这真是一个很棒的方法！小宁越来越厉害了，这次也帮小兔子解决了一个大难题，让小兔子顺利完成了比赛。

故事分析：在近几次咨询中，小宁的故事基调越来越积极阳光，而她在故事中的隐喻也是越来越正面，遇到各种各样的问题也不再逃避，而是积极勇敢地面对，并且学会了寻求帮助或者自己想办法解决问题。经过回访，我也了解到，在现实生活中，小宁的逃避和自卑行为越来越少，在家中会主动和妈妈沟通，在学校也能够正常学习，逐渐会和同学交流玩耍，变得积极又自信起来。

四、咨询效果评估

来访者：自己能够适应学校的学习生活了，不会总是觉得委屈、不被理解，慢慢地也能和同学愉快玩耍，学习成绩也逐步提升。

来访者母亲：经过这段时间的心理咨询，小宁的情绪有了很大转变，性格也变得比较开朗，放学回家做完作业后会和邻居家的同学一起玩耍。每天回家也会和我分享她在学校发生的事情，对自己的视力障碍这方面似乎也比较看得开了，没有以前那么自卑了。

来访者班主任：小宁在学校的表现有了明显的变化，没有迟到，上课也很认真地听讲。这几天有不懂的题目敢主动问教师，跟同学的相处也比较融洽。

心理教师：经过观察、咨询以及来访者身边人的反馈，达到了预期的目标。较之前，来访者有了明显的好转，情绪较为稳定，能够顺利在学校求学，心态变得阳光，遇到问题也能够积极应对。

五、咨询反思

隐喻故事疗法的不同之处在于来访者掌握着自身问题的主导权，问题的解决办法很多都与自己过去的经验息息相关。这样的方法可以给来访者提供足够的安全空间，比较适合阻抗力比较强的来访者，也适合年龄较小的来访者，由于他们不懂得如何表达自己的内心，便可以通过隐喻故事来表达自身的内心。在隐喻故事的讲述过程中，帮助来访者发现自己的内心，最终实现自我疗愈。

在本次咨询中，小宁把生活中遇到的冲突矛盾通过隐喻故事表达了出来，而我也通过改编小宁的故事来向小宁传达了积极的心态和解决问题的正确方式。在你来我往的隐喻故事中，小宁更加清晰地认识了世界，丰富了自身的应对方式，学会了如何正确地宣泄情绪和解决问题，积极面对生活，从而进一步改善自己的心理健康状况。

我看着你慢慢变好

——自闭症儿童行为问题调整案例

汕头市特殊教育学校　陈涵钰

一、案例背景

自闭症是广泛性发育障碍的一种亚型，主要表现为不同程度的言语发育障碍、人际交往障碍、兴趣狭窄和行为方式刻板。自闭症儿童缺乏自控能力，在学校课堂中的不良行为层出不穷，严重影响着整体教学秩序和教学效果。在自闭症儿童的教育教学过程中，如何在课堂中培养自闭症儿童良好的行为习惯是迫切需要解决的问题，解决好这个问题可促使自闭症儿童形成常规意识，帮助其更好地融入主流社会。

二、个案基本情况

小宇（化名），男，11岁。该生固执任性，比较好动。有一定的语言能力，喜欢说话，可以进行简单交流。喜欢写字、绘画、感统训练等操作性活动，对其他活动兴趣不大。其父母离异，跟着爸爸和爷爷奶奶一起生活。爸爸工作较忙，经常不在家，对他很少过问。小宇大部分时间是跟着爷爷奶奶生活。爷爷奶奶心疼这个孩子，他要什么就给什么，对他十分溺爱。

三、课堂不良行为的观察及表现

通过一段时间对小宇的观察和记录，我发现他存在的课堂不良行为主要表现在以下几个方面。

（1）上课注意力难以集中，东张西望。

（2）无聊时会故意看着教师，站起来随意走动。

（3）未经询问和同意翻同学的书包，拿别人的东西。比如，在美术课上看到其他同学有更好看的蜡笔，他便会想去拿；写字的时候没有卷笔刀，便会跑去拿别人的来用；想吃同学手里的饼干会直接上去抢。

四、课堂不良行为产生的原因

（1）对单一的教学活动不感兴趣，加之性格好动，课堂上觉得无聊了便开始坐不住，想通过自己的方式引起教师和同学的关注。

（2）家人对其尤为溺爱，平日里大多是"听之任之"的教养方式，疏于管教，对待孩子出现的不良行为问题没有及时发现并制止。

（3）社会规则意识差，缺乏明辨是非的能力，不知道怎样做是对的、怎样做是错的，不善于通过正确的方式表达自己的需求。

五、行为干预的实施

（一）课堂教学活动

（1）我通过"脚丫贴"，试着规范小宇在课堂上随意走动的行为。在小宇的椅子下面的地面上贴上颜色鲜明的脚丫贴（小宇最喜欢的黄色），要求小宇在上课期间把脚放在脚丫贴上，并告诉他只要坚持到老师规定的时间，就可以得到奖励（小宇最喜欢的气球）。上课时间为40分钟，由第10分钟开始，每次成功后给予强化并适当延长时间。下课时间告诉小宇，这个时候出去透透气，做自己喜欢的事情，并告诉他听到上课铃声就要马上回到自己的座位上。

（2）在课堂活动设计中，我也试着增加一些互动性强且有趣味性的活动，给小宇多布置学习任务，让他有动手动脑的机会，通过连一连、涂一涂、摸一摸、演一演等活动吸引他的注意力。一旦发现小宇开始走神，我会立即呼唤他参与课堂活动，让他感受到学习的乐趣，而不至于无所事事。

（二）做好家校沟通

针对小宇在学校的表现，我开始寻找问题的源头，和小宇的家人进行沟通，经过对其家庭情况的进一步了解并结合现状分析，我和小宇的家人达成共识。孩子的不良行为不是一朝一夕形成的,如果这些坏习惯在小宇这个年龄段再不加以控制,等到孩子进入青春期,不良习性已经定性,恐怕再去监管他也已无能为力了。希望爷爷奶奶关爱但不溺爱孩子,爸爸能够配合学校工作,对孩子加以管束。

(三)巧用视觉提示,建立是非观念

当小宇开始出现拿别人东西的行为时,我曾经尝试着与其沟通,在我问他能不能不经别人同意就拿其他同学的东西、这种行为好不好时,他给我的回答总是"能,好"。有好几次我反复问他,他都是同样的话语。我慢慢地意识到小宇并不能理解我说的话,对于我们来说很简单的一个问题,在这些自闭症孩子的心里却不能按照常人的思维去理解。反之,他们的强项在于视觉化地学习、思考和处理信息。为此,我试着拍下小宇翻别人书包的图片,用红色笔在上面画了一个大大的"×",然后做成一张小卡片,在下一次他有这种行为时拿出卡片,明确地让他知道自己是不对的。

(四)行为塑造,引导孩子表达需求

小宇有一定的语言能力,在日常生活中能够说出一些简单的语句。因此,我希望他不仅能够改变自己的错误行为,而且能够开口表达自己想要什么。为此我给他设定了两个小目标。

第一个小目标是当我拿出视觉提示小卡片时,他能够马上做出反应控制自己,回到自己的座位。如果他做得好,我立即竖起大拇指表扬他。当他能够主动自己意识到不能随意拿别人东西时,我就提出第二个更高的目标。

第二个小目标是当小宇想要别人的某样东西时,能够主动询问对方征求对方的同意。如"我能用一下你的蜡笔吗?""请把你的橡皮擦借给我好吗?"在他能完整地说出句子并耐心等待对方做出回应后,我再给予强化。

这样一步步下去,观察并记录小宇每次的表现,争取逐步形成我希望他养成的行为习惯。

六、对课堂不良行为干预后结果

通过教师和家长的沟通协作,小宇的行为问题得到了干预,同时教师也在每个阶段做了相应的记录。整个干预计划包括一周的观察期(2020年10月10日至14日)和三周的干预期(10月17日至11月4日),对小宇的干预结果见表1。

表1 对小宇的干预结果记录

日期/次数	注意力不集中（次）	在课堂上随意走动（次）	未经同意拿别人的东西（次）
观察期			
10月10日	5	7	6
10月11日	5	7	6
10月12日	4	6	5
10月13日	5	7	6
10月14日	4	7	5
干预期			
10月17日	5	7	5
10月18日	5	6	5
10月19日	4	6	4
10月20日	4	5	4
10月21日	3	5	3
10月24日	4	5	3
10月25日	3	4	2
10月26日	2	5	3
10月27日	3	5	4
10月28日	3	4	3
10月31日	3	3	2
11月1日	2	3	3
11月2日	2	2	3
11月3日	1	3	2
11月4日	2	2	2

从表1可以看出，从10月17日干预计划实施开始后，小宇的课堂行为问题出现的次数逐渐减少，至11月4日干预计划实施结束时，其不良行为发生的频率逐渐呈低频状态。

第二章 育人师说·微光造梦

七、研究反思

小宇在干预期间取得了较为明显的进步，从实施干预计划开始，他的情绪一直比较稳定不抗拒，这说明整个干预计划是行之有效的。通过对本个案的研究，我也获益良多。对于自闭症儿童，他们有自己的属性和特点，作为特教教师，不能以平常的思维去看待和衡量他们，当他们出现种种行为问题时，需要我们从专业的角度，客观地分析原因，结合他们的自身特点，因材施教。在实施过程中，尽量争取家长的协作配合，适时给予孩子肯定和鼓励，不急于求成，而是循序渐进，相信这些孩子都会越变越好。

接纳自我　悦纳自我

——关于视障问题学生心理辅导个案研究

汕头市特殊教育学校　郑　微

一、个案概况

小凡（化名），男，15岁，小学六年级，视障学生。小凡是早产儿，先天发育不足，右眼裸眼视力仅为0.1。小凡8岁时，突然发病致使双目失明，治疗无果，由普通学校转入特殊教育学校。面对高昂的治疗费以及无法接受孩子突然致残，小凡的妈妈离异后搬出住所。小凡的爸爸为了偿还债务，不得不将小凡交由爷爷奶奶照顾抚养，父子之间长期缺乏沟通。自入校以来，小凡不愿意参加班级活动，经常独来独往，没有结交朋友，学习积极性不高，学习成绩差，遇到困难时情绪自我控制能力极差等。最近，据生活教师反映，夜间小凡出现了失眠现象。

二、案例分析

"万物皆有裂缝，那是阳光照进来的地方。"青少年身上的每一个问题都有其原因，我们作为教育工作者，除了传授知识，更应该重视学生的身心健康发展，帮助他们找出问题，"对症下药"。而视障学生的心思往往更加细腻敏感，需要对他们选择适当的方式加以辅导。初步分析，小凡的问题主要原因有以下几方面。

（一）自身原因

（1）小凡8岁前左眼仍有视力，尚能生活自理。双目突然失明之后，事无巨细需要他人照料，面对周围同学和朋友异样的眼光，小凡逐渐产生强烈的自卑心理，面对未来十分迷茫。

（2）8岁双目失明，父母离异，家里债台高筑，小凡在年龄较小的时候经历了这些生活挫折，缺乏强大的心理支撑。面对这些困难，他只能选择躲避，认为自己是个"倒霉鬼"。

（3）小凡性格比较安静内向，不愿意结交朋友，人际关系差，时常感到孤独、孤立，平时积攒的一些负面情绪得不到有效的宣泄，并且不愿意为班集体承担应尽的义务，没办法融入集体，被人排斥，表现出自我封闭性。

（二）家庭原因

（1）父母离异，安全感缺失。欧拉岛说过，安全感是儿童生存的基本需求。母亲的不辞而别成为小凡的一个心结，他认为是自己的身体问题导致父母感情破裂，于是一直处于深深的自责情绪中。而学龄期正是孩子对父母依恋的阶段，父母亲角色的缺失，以及眼睛突然失明的打击，使小凡产生了强烈的不安全感，遇事情绪波动较大，承受挫折的能力弱，自卑感强。

（2）因病致穷，舍弃唯一爱好。为了给小凡治病，父母不仅花光了全部积蓄，并且欠下了很多外债，家庭经济压力较大，不得已停掉了小凡的音乐兴趣班。音乐是他唯一的爱好，本可以成为他宣泄负面情绪的一种途径，却也被剥夺了。这些微小的变化也在提醒着小凡家庭正在遭受变故。

（3）亲子间缺乏有效的情感沟通。父亲迫于生计外出工作，只有节假日才回家，平时忽视了对孩子的关心。小凡的情感需求得不到满足，从而对父亲产生不信任，在学习生活中遇到的困惑也不愿意跟父亲分享，只能将这些问题埋藏在心底。正是因为缺乏沟通，父亲也无法捕捉到孩子细腻敏感的心理变化，一直认为更加好的物质条件才是孩子最需要的，而忽略了与孩子间的有效沟通。

（4）长辈过分溺爱。爷爷奶奶十分溺爱因病致盲的小凡，小凡在家里基本上是衣来伸手，饭来张口，稍有不适就抱怨、发脾气，这助长了他为所欲为的性格，他认为学校的同学也应该礼让他，若是同学提出与自己相反的意见，需求得不到满足，便会采取暴力来解决问题。

（5）对家庭关系中人际交往模式的错误模仿。作家茅盾曾说，模仿是创造的第一步，模仿又是学习的最初形式。小凡作为一名学龄儿童，正处于语言、动作、交往方式的模仿期。而父母作为孩子的第一任教师，健康的或者不良的人际关系的形成在很大程度上依赖于父母与子女"垂直面上"的关系。父母感情破裂，不能心平静和地坐下来商谈，家里纷争不断，甚至产生肢体冲突，这无疑给小凡树立了一个错误的榜样，他只会生硬地表达自己的情感，对同学大声呵斥，无法静下心来与教师进行沟通。

（三）学校和社会原因

（1）小凡在普通学校就读时，由于视力差没办法看清板书，导致学习成绩一直不好，而普校教师一直误以为小凡学习积极性不高，当着全班学生多次批评他，使他逐渐产生了厌学的心理，并且面对教师的指责、同学的嘲笑，小凡也衍生了自卑的情绪。

（2）目前社会无障碍设施仍然不够完善，盲道被占用的现象时有发生，公众对待残疾人的态度仍有待于改善，这些也影响了小凡的出行，使他变得更加自闭，不愿认识新的朋友。

三、辅导的策略与过程

（一）深入了解学生的情况并建立跟踪档案

深入了解小凡的生活学习情况，能帮助我们更加全面剖析小凡的问题。我通过走访小凡的科任教师、同学、舍友，将他们反馈的情况一一登记下来，并联系小凡原来所在学校的班主任，了解小凡之前在校的情况。我也将小凡的父母都请到学校来座谈，并将所收集的情况记录成档案。记录的内容主要有：性格、爱好、行为习惯、家庭情况、同学舍友反映的内容等。

（二）格式塔疗法——空椅子技术，觅得途径宣泄情绪

在掌握了小凡的基本情况后，我将小凡请到心理咨询室，我从学校近期举办的诗歌朗诵比赛入手，询问他声线很好却为何不参加。在与他交谈的过程中，我认真倾听他说的每一句话，并适时给予一些回应，表示认同，让他感觉到被尊重、被认同，从而接纳并信任我。在交谈的过程中，我注意到小凡时不时就会摸一下胸前的玉佩（玉佩是母亲送给他的礼物），于是我趁机询问他这块玉佩的故事。小凡告诉我，他非常思念他的母亲，他有好多心里话想跟母亲说。这时候，我搬来一张椅子放在他的对面，并带他触摸了那把椅子，告诉他："此刻妈妈就坐在对面的椅子上，你想跟她说什么？"刚

开始,小凡有些畏惧,声音很小,语句断断续续,我鼓励他将自己对母亲的思念和略带责怪的想法说出来,他越说越大声,并且泪流满面。而在与"母亲"对话的过程中,他也提到了讨厌同学,认为同学都在嘲笑他,这时我引导他:"假设对面坐着的是你讨厌的人。"鼓励他将不满的情绪宣泄出来。小凡从刚开始的气愤、紧握拳头到后来慢慢地啜泣,等到他的情绪慢慢平复下来,他告诉我:"老师,我把这些说出来,心里舒服多了。"

(三)悦纳自我,让自信常驻心间

通过了解,我得知小凡在音乐方面很有天赋,而且声线条件不错。此时恰逢学校正要举办校园歌手比赛,于是我鼓励小凡报名参加。一开始,小凡以容易紧张并且赢的胜算不大为理由而拒绝了。在班会课上,我让班里的学生都表演一段小才艺。小凡为我们唱了一首歌,他唱完后,同学们纷纷鼓掌,我表扬了他并跟他说希望他能代表我们班去参加校园歌唱比赛,为班集体争取荣誉,他终于答应了。课后我联系音乐教师,为小凡提供更加专业的指导,并在网上为他购置了服装用于比赛。最后,小凡取得了校园歌唱比赛二等奖的优异成绩。小凡发现了自己身上的闪光点,开始慢慢找回自信。

(四)开展班会活动,促进学生情感交流

英国哲学家培根说:"如果说,友谊能够调剂人的感情的话,那么友谊的另一种作用是能增进人的智慧。"朋友带给我们温暖、支持和力量,让我们感受生活的美好。学习道路上有益友的陪伴,能帮助我们找到学习的目标,一起前进。为了让小凡更好地融入班集体,我开展了以"告别过去的自己""换位思考,与人方便就是与己方便""我们是个集体"为主题的班会。在班会课上,在其他学生的带动下,小凡检讨了之前一些不好的行为,如爱用拳头解决问题、对同学不够耐心等。班上的学生也逐渐愿意接纳一个积极认错改正的小凡。此时恰逢学校的秋游,于是我准备了许多小游戏,他们玩得不亦乐乎,在无形中也增进了同学之间的感情。通过这些活动,班级氛围融洽,同学之间互帮互助,小凡也结交到了新朋友。

(五)家校合力,守护花开

孩子在由学校、家庭及同伴所构成的微生态系统中与各成员产生交互作用,这种交互作用的模式与结果直接影响着孩子的成长与发展。只有让家庭教育发挥作用,才能让小凡的进步成果得以巩固,从而朝着更好的方向发展。在征得小凡父母的同意后，我将他们双方请到学校进行了一次谈话，希望他的父母亲平时多与孩子交流，多倾听孩子的心声并给予反馈，充分利用周末或者节假日带孩子出去走走或者参加一些亲子活动。

四、教育效果

现在，小凡慢慢融入了集体，主动报名参加校内外的文艺活动，当与同学意见不一致时，能心平气和地听取其他同学的意见。这些点滴进步都说明之前的努力没有白费。小凡自述："我不会像以前一样觉得很孤独无助，遇见烦心的事情会和××分享。""现在我特别期待周五回家，爸爸妈妈都会带我去参加户外活动。""晚上也能睡整觉了。"

我评估认为：小凡已经开始接受自己存在视力障碍的事实，逐渐融入集体，对负面情绪也能找到合适的途径进行宣泄，逐步建立起了自信心。

参考文献：

[1] 杨丽珠，徐敏.教师期望对幼儿自我认知积极偏向的影响：师生关系的中介效应 [J].心理与行为研究，2015（5）：621-626.

[2] 李强.单亲子女教育问题及对策 [J].济南教育学院学报，2002（2）.

[3] 孔玲，王淑荣.特殊学生心理健康必读 [M].长春：东北师范大学出版社，2012：6.

第二章 育人师说·微光造梦

培养智力障碍儿童劳动技能案例分析

汕头市澄海启智学校　张彩媛

一、案例简述

小陈（化名），男，13岁，是一名智力障碍学生。主要表现在：身高有些偏矮；目光呆滞；胆怯；反应迟缓；记忆力差，要重复学习，方能学会一点知识，若不重复学习，就会忘得一干二净；语言能力差，只能讲简单的词句；思维能力低，缺乏抽象思考能力、想象力、概括力，更不能举一反三；情绪不稳，自控力差；意志薄弱；缺乏自信；交往能力差；在学校里总是自己一个人，看到老师和同学们，小陈会感到十分害怕和紧张。由此，小陈养成了不良的习惯，惧怕困难，依赖性强，没有正确的生活和劳动习惯，自理能力和适应社会的能力差。因此在教学中，我非常注重培养他的劳动技能。

二、案例分析

（一）个体化的原因

在一般情况下，智力发育障碍的儿童会同时伴有生理方面的缺陷，比如小陈容易疲劳，但有时候会兴奋性过强，在兴奋抑制转化上仍有困难。他情绪容易波动，体验不够深刻，控制能力也比较差，无法调节自己的不良情绪和心理障碍。

（二）环境因素

1. 家庭教育抚养方式的运用失误

智力发展障碍儿童的家庭抚养、教育需要家长付出更多的时间、精力甚至大量钱财，这往往会给家庭造成巨大压力，而且家长对于这类障碍儿童的教育模式、方法及教育的相关知识往往缺乏，这都会导致一些家长不恰当对待和错误教养孩子，使孩子在个人成长中无法获得合理恰当的引导。

2. 与同伴的关系

一般来说，智力发育障碍的孩子人际关系也是缺失的，小陈就是如此。在他的日常生活中，他的反常心理行为经常使他受到其他同学的排斥和嘲弄，进而导致他与外界的情感疏离。

三、案例处理

（一）劳动技能教育对智障儿童的重要性

对于小陈来说，学会基本的日常生活自理技能是他生存的重要基础，虽然他因为智力障碍，可能在进行正常的日常生活活动时有些困难，更需要人照顾，但是能够学会基本的生活自理技能是帮助他更好地适应社会所不可或缺的，社会及整个家庭必须对这些智障少年从事的学习活动给予大力支持和鼓励。

劳动型和技能型的教育不仅是提供他们今后可以就业谋生的一种可能，更重要的应该是能够促进他们生活实用技能的提高，两者应该是相辅相成、相得益彰的。

（二）教育原则

1. 以树立自信心为前提

对于小陈而言，在劳动实用技能知识教育中要能够增强他的自信心，这种增强自信心不仅来源于他的劳动，而且是必须能够增强他对未来成长的一种信心。必须让他的劳动技能成为他未来成长的重要工具，让他对未来成长充满信心，这样才真正能够让他更好地学习和不断进步。小陈本身与正常孩子存在一定差距，但他在自己的生活世界里仍然有着自己的生活需求，在劳动实用技能知识教育实施过程中，不是必须充分证明他和正常孩子一样，而是要充分证明他对整个社会和其他人群也同样能够有一种积极向上的贡献。

2. 以激发兴趣为基础

劳动本身会附带一定的心理压力感，对于智障儿童而言，可以将日常劳动中的技能分为基本性的劳动技能和可选择性的劳动技能。基本性的劳动技能主要是指与日常生活密切相关的；而选择性的劳动技能则是需要通过其他各种方式予以展示的。在练习中，我会让小陈根据自己的兴趣爱好自主进行选择，只有他对自己选择的劳动内容完全满意了，他才能真正全身心地积极投入参与到生活学习当中。"兴趣是最好的教师"，只有让他真正对劳动产生兴趣，才能真正让他主动去接受并积极地学习，从而提高自己的劳动技能。

3. 以差别化教育为核心

我根据小陈智力发展的差异，选择差异化的教育教学模式，从中找到一种适合小陈的学习方式，最大限度地提升教育的实际效果。

（三）智障儿童劳动技能的培养方法

1. 创设劳动的环境

很多家长在很多时候都害怕学生"闯祸"，所以很多事情都是直接代替学生做，但其实，哪怕是智力有障碍的学生，虽然他们的学习水平差，但还是具备一定的模仿能力，教师和家长日常的言谈、举止，都应该给学生做好榜样。因此，我会创造更多与学生共同参与劳动的机会，让学生从劳动中得到学习和锻炼。

每周规定一个卫生日，这一天，我会和小陈一起干，在劳动中，我会从最根本的工作开始教起，如擦拭桌椅、清理垃圾等，给他示范正确的操作，耐心地告诉他如何去做，培养他的习惯，再逐步向他提出更高的要求，一步一步加深难度，帮助他学习和改正一些不足，熟练掌握劳动技能。在这一过程中及时给予他鼓励，使他体会到在独立完成某件事情后所获得的愉悦，增强他不断学习的信心，提高其对学习劳动技能的兴趣。

2. 开展丰富的活动

他的智力有缺陷，智障孩子的抽象性思维能力比较差，通常没有学习动机。小陈难以理解机械的说教的，必须依附一定的载体或在特定的活动中进行渗透，才能培养他的主动劳动意识，激发他对劳动的兴趣。在教学过程中，我通过各种方法和途径来激起小陈的兴趣。比如进行角色扮演的游戏时创设活动情境，在这个游戏过程中学习扫地和擦拭桌子等一些基本的劳动知识和技能，通过游戏联系到生活中，逐步增加他参与劳动的体会。

3. 建立激励的机制

每个人都喜欢得到表扬，厌恶受到批评，智障孩子也不例外。在日常教育训练中，我经常挖掘小陈身上的闪光点，发现他在课堂上的点滴进步，并适时地给予表扬，使他能够感受到学习的愉悦。表扬的形式有时是简单的口头表扬，如"你真棒！""你做得真好！"或者是一些实物性的奖励，例如，在班级内部设置红花讲座，用零食或文具作为奖品对其进行奖励。但是从表扬到奖励，我一直遵循由小表扬到大肯定，最后进行奖励的原则，使激励机制更加贴近学生的心理需求，激发学生的主动性与积极性。

在小陈掌握了一项生活劳动技能后，我会组织比赛来让他加以复习和巩固，通过比赛增强他的信心和荣誉感，在得到了表扬之后，他也体验到了成功的快乐。比赛会让他进行一个反复的练习，起到一个很好的复习与检验他所掌握的情况的作用，使他的生活自理能力不断提高。

4. 争取家长的配合

虽然学校一直都是孩子接受教育的主要阵地，但是家庭教育不能被我们忽略。家是孩子日常生活的主要地点，生活中各种自理能力的培养离不开父母的引导，更离不开家庭的教育。若不高度重视孩子的家庭教育，就很容易导致出现教育反弹。对于智障儿童来说，提高他们的生活自理能力比学习成绩更为重要。孩子们进行劳动的机会随时随地都有，关键在于家长们是否真正愿意大胆地去放手。我会定期家访，引导小陈父母认识到培养小陈热衷于劳动、会劳动的重要性，积极争取家长的配合，充分发挥家庭教育的功能。同时通过举办家长座谈会等各种方式，指导家长树立正确的教育理念，懂得怎样在家庭生活中引导和组织孩子积极地参与到劳动中，加强对孩子的指导和训练，教给孩子一些有关劳动的知识和技能，培养孩子良好的生活习惯。

四、感悟与思考

对智障儿童来说，教育和培养劳动能力的最终目标就是让他们日后能独立，能适应社会、融入社会。在家长、教师的帮助下，经过一个学期的努力，小陈在生活自理、劳动技能方面不断进步，在活动过程中培养了他的交往能力，促进了语言的发展，为今后走出校门、踏上社会做好了准备。

第二章 育人师说·微光造梦

两年，从疑似自闭到跻身普校

汕头市特殊教育学校　李晓如

一、个案简要

小雨（化名），一个嘴里经常念叨着"挖土机"的小男孩，在4周岁的时候被医院诊断为自闭症倾向。2018年，在大多数人眼里，7周岁的他是特殊的，因为他几乎无眼神对视，语言发展滞后，具体表现为理解指令困难，经常重复简单词汇，难以完整表述有意义的句子与他人进行交流。他身体比较结实，但动作相对单一机械，伴有刻板行为和多动症状，情绪不稳定，焦虑时经常乱扔东西并大喊大叫"挖土机"。

二、案例分析

为了更准确地把握训练小雨的目标，我从两个方面综合了解他的具体情况：一是和家长沟通了解学生的成长史；二是给学生做详细的测评。经询问，妈妈满脸焦虑地流着泪说："小雨出生时，我们别提多高兴了，长得多俊俏的娃啊，他是我们全家的心头宝。但是在孩子不满四个月的时候，我和他爸爸忙着创业，所以小雨的日常带养者变成了奶奶，我们几乎没时间去管他，连喂奶都是奶奶代劳进行奶粉喂养。后来小雨3岁时还不会说话，于是我们想着要带孩子去做检查，奶奶坚持说问题不大，多次强调小雨爸爸小时候也说话晚，'贵人语迟'，无须担心，长大点自然就会说了。到了4岁上幼儿园，小雨无法适应，无自理能力的他也不会表达，所以经常乱扔东西发脾气，教师发现其发育异常，建议要尽早检查进行干预。检查报告出来那一刻，我们近乎崩溃了，无法接受医生说小雨有自闭症倾向的事实。后来小雨无法去幼儿园上课，我们也不会教，只能送他去做康复训练，但是效果不尽如人意，依旧觉得小雨很怪，他也很抗拒去做语训和社交训练……"

我分析总结了小雨症状的原因，首先，可能跟孩子过早和妈妈分离有关，亲子间欠缺互动，情感需要没有得到满足。另外，无母乳喂养，小雨的吸吮能力没有得到锻炼，口部肌肉功能差，语言发展的关键期也没有得到重视，造成语言发展滞后。另外，小雨由奶奶带养，极少外出，语言交流匮乏，老人家也担心孙子磕着碰着，爬行等大运动和平衡训练严重不足，造成一系列感统失调的症状。

听完妈妈的阐述，我很快安排了小雨的学习能力测评，通过对小雨的听知觉能力、视知觉能力、感觉统合能力、思维能力等方面的评估，了解了现阶段他的智力水平和能力发展情况，给予客观准确的结果评定（见表1）。

表1 小雨的第一次测评报告表

姓名：××宇（小雨）　　　　　　年龄：7岁2个月

性别：男　　　　　　　　　　　测评日期：2018年7月9日

测评项目	结果分析	
听觉知觉能力	听觉广度	5岁
	听觉长时记忆	3~4岁
视知觉能力	视觉分辨失误率	180%
	视觉广度	窄
	视动统合动作	4岁6个月
感觉统合能力	前庭觉	重度失调
	本体觉	中度失调
	触觉防御	中度失调
逻辑思维能力	得分	95分
	百分等级	37%

综合评估的结果可以判断小雨的自闭症倾向主要是由于他感觉统合能力严重失调，他每天接触到的各种感知觉（视觉、听觉、前庭觉、本体觉、触觉）刺激超过他身体的可负荷水平，身体难以承受，使防御机制出现，屏蔽很多刺激，关闭一些感觉通道，导致出现各种"自闭"的症状，简言之，就是带

着未长大的身体去应对别人能应对的情境，因为难以适应，所以排斥外界。

由此可见，要帮助小雨改善各种发展落后的"特殊"表现，增加亲子互动，用心陪伴和感觉统合训练是亟须大量弥补的。

三、教育策略

（一）建立良好的师生关系，走进学生的内心

正所谓"亲其师，信其道"，我一直坚信只有学生能够感受到来自教师善意、亲切和热情，才会愿意靠近教师，主动参与到课堂学习中，学习效果才会更佳。最开始在课堂上呼唤小雨的名字时，他听若未闻，沉迷于自己手中挖土机的小世界中。我蹲在他跟前，轻轻抚摸他的头发小声向他打招呼："小雨小雨，你好呀！"这时他抬起头，眼睛与我对视了两秒钟，然后继续埋头把玩手中的挖土机。这时我说："这是红色的挖土机，我也喜欢。"他听到时跟着重复了一句"红色的挖土机"，随即脸上微微一笑……当时，我马上在教学札记上记下了小雨的喜好，方便在以后的教学中从他的兴趣点切入，在课堂学习中结合其偏爱的强化物，设置奖励机制，以此强化所有的正向表现和行为。另外，在课堂互动中，我读懂了小雨内心的真正需求，他是一个缺乏安全感的孩子，需要更多的积极关注；课后时间遇到小雨，我也会主动走过去挥挥手，陪他说说话，夸一夸他今天有进步，有看到老师会和老师打招呼，等等。渐渐地，我看到小雨脸上的表情变化多了，眼神对视频率也小有提高。

（二）家校合力，转换心态，用心陪伴

成功的教育必须依赖有效的家校沟通，家长和教师都是重要的教育者和引导者。在课后，我积极和家长交流，让家长也充分认识到孩子身心发展的特殊性，转变心态，坦然承认孩子的不足，理性接纳他目前的能力状况，减少焦虑，营造良好的家庭氛围，形成教育合力。

根据测评中的智力测试——瑞文推理测验的结果，小雨的思维能力得分为95分，百分等级是37%。这个结果表明小雨目前的思维比较混乱，缺乏灵活性，不善于把握事物的内在逻辑，注意力难以集中，对周围事物缺乏兴趣或兴趣短暂。作为家长和教师都必须认清这个事实，把小雨当成一个四五岁孩子去要求他、教育他，用合适的节奏和孩子保持同频共振。同时，密切保持

学校与家长的双向沟通，及时了解孩子在家的情况和学校教育的动态，家校联合，共同确定孩子的最近发展期，制订合理可行的教育方案，促进家校教育同步进行。

（三）感统训练和沙盘游戏齐下，身心协同发展

大量研究表明，感觉统合训练可以帮助自闭症的孩子控制和调节感觉信息，使他们对各种感觉刺激做出适当的反应，促进孩子感觉统合能力（平衡协调能力、行为能力、组织控制能力、学习能力、集中注意的能力）的提升。

另外，沙盘游戏治疗在自闭症儿童康复中的作用也多次被实证有良好的效果。沙盘游戏治疗，即创设一个自由被保护的空间，参与者通过自由选择沙具，在沙盘中构建他的世界，让"无形"的心理内容以"有形"的象征性图案呈现出来，让脆弱的心灵被看见和被疗愈。

四、教育实施

根据小雨的具体测评结果，我为其量身定制了一套训练方案，因"能"施教。具体的针对性课程安排为每周五节感觉统合训练课和一节一对一的沙盘游戏课，家庭训练方案也作为补充巩固训练效果坚持开展。

感觉统合训练结合各种趣味性的感统游戏，着重通过大运动刺激小雨的脑神经系统发展，培养其秩序感和专注力，促进身体的平衡力、空间感、肌肉力量等发展。前半年，我坚持每节课安排大量的大滑板、乌龟爬、趴地推球、秋千、吊缆，前滚翻、侧滚翻等前庭刺激，本体感的加强也同步进行，青蛙跳、兔子跳、狗熊爬蹦床等轮番进行，循序渐进地增加运动量，从而达到训练目标。在相应奖励的刺激下，小雨对课堂的兴趣有增无减，也可以看到他对身体的控制能力在慢慢提升。半年过去了，小雨的身体灵活了许多，注意力持续性提升了。后续又在课程中增加了图片闪卡、听顺数复述等视听游戏，以此提高其互动能力和语言能力。触觉训练和手眼协调精细动作训练也加入了课内外课堂，尤其是家庭任务中每天半小时的抚触按摩让小雨不再那么爱发脾气了，性格也日益变得开朗，渐渐能听懂简单的指令了。

除了身体上的训练，每周一次的沙盘游戏也让小雨的心在自由与受保护的空间里得到了放松、表达与滋养。在沙盘的初始阶段，我陪着小雨玩沙

子，让其自由挑选沙具，不做干涉。我只是在旁边陪伴着，观察记录其反应。这期间，小雨挑了许多他感兴趣的挖土机和汽车，或埋藏，或倒置，还有些相互冲撞的攻击行为在沙盘里出现，整个画面杂乱无序，如同他的内心世界般混乱且带有创伤。在接下来的阶段里，我发现，沙盘游戏对于小雨具有特殊的魔力，这里能让他尽情宣泄无法表达的情绪，并从中获得自我反馈，时不时收获惊喜，小雨与我的眼神对视开始出现了，还会主动小声说"李老师，你看"。慢慢地，沙盘里出现了房子、人物、花草等沙具，小雨的内心渐渐丰富起来了……一年后，小雨的沙盘里明显少了对抗性情绪行为，出现了家庭的场景，并且正在有序化，他主动开口表达了"这是爸爸，陪小雨一起吃汉堡包"。听到这句话，我不禁热泪盈眶，真真切切地感受到了他被治愈了。再到后面，他的沙盘有了充满生命力的感觉，有了主题，有了对话，说明此时他的心智发展了，我感受到他在学习着梳理自己的内在秩序。

家庭是影响孩子成长最重要的环境，我和家长约定每月一次详细的家校交流，共同商定小雨在家的训练方案，通过感统家庭游戏，例如抛接球游戏、抚触按摩操、左右手交替拍球挑战赛、推小车等补充巩固感知觉刺激，借助亲子绘本阅读、听故事回答问题、迷宫、找不同、猜谜语、看报纸找"的"等注意力训练游戏增加亲子互动，提高小雨的视觉和听觉敏感度，同时提升其理解能力。

五、教育效果和评价

经过一年多的教育训练，小雨的复测结果喜人，各项能力均有所提升（见表2）。小雨从一开始别人眼里的"特殊"孩子转变为有点"普通"，小雨的爸妈表示万分的欣慰和感动，他妈妈说："小雨的眼里仿佛有光了，身体的控制能力提升了，互动能力明显增强了，语言丰富了，能简单表达自己的需求，发脾气次数也减少了……"于是他们决定尝试让小雨去普通小学就读。2020年9月，小雨成功迈入了普校大门。虽然很多时候他还是有刻板行为，情境处理和理解能力偏弱，对于不了解他的人来说，会认为他有点"怪"。但他今天的接近"普通"是多么来之不易，我建议家长不要给孩子施加过多的压力，而是要和学校、教师沟通好他的情况，让同学也给予他接纳的环境，课后继续坚持感统和注意力训练，陪伴他继续提升和成长。

表2　小雨的第二次测评报告表

姓名：××宇（小雨）　　　　　　　　年龄：9岁1个月

性别：男　　　　　　　　　　　　　测评日期：2020年6月9日

测评项目	结果分析	
听觉知觉能力	听觉广度	6岁
	听觉长时记忆	7~9岁
视知觉能力	视觉分辨失误率	6.67%
	视觉广度	窄
	视动统合动作	7岁6个月
感觉统合能力	前庭觉	中度失调
	本体觉	轻度失调
	触觉防御	轻度失调
逻辑思维能力	得分	113分
	百分等级	80%

春风拂面，花开无声

——一名聋哑学困生的转变

汕头市聋哑学校　王芬

每一名教师都希望自己教的学生聪明乖巧、有礼守纪，然而，在漫长的教育生涯中，总会有一些学生表现得不尽如人意。那些在学习、思想、行为等方面存在一定偏差的学生常被贴上"问题学生"的标签。这样的学生犹如歪了身姿的小树苗，需要教师的耐心教导来矫正其姿态，需要爱的灌溉来把他们从泥潭中拉出来。教育的伟大之处，以及教师职业的成就感就在于帮助这些孩子树立起自信、自尊、自爱，协助他们往正确的方向发展。

一、个案介绍

四年前，也就是2017年的时候，我接手了学校安排的三年（1）班这个班级，班里有一个虎头虎脑的11岁男生小涛（化名），他是班里的"问题大王"，每天都能变着花样捣乱。他的问题行为主要表现为以下几个方面。

（一）纪律方面

自由散漫，日常行为习惯欠佳，上课的时候想站就站，想走就走，想睡就睡。

（二）学习方面

学习目的不明确，缺乏兴趣和求知欲，经常听课精力不集中，不是自己玩自己的，就是和同学聊天。不能认真完成作业，学习成绩不理想。

（三）思想方面

敌对情绪严重，对教师的教育不理不睬。哪怕教师的手语打得满天飞，他正眼都不看一下，不是看着窗外嬉笑，就是扭头对着墙壁赌气。

二、案例分析

学生表现出来的行为问题背后肯定都有相关的心理因素在作祟。但是是什么原因造成了这名学生如此叛逆却不是那么容易查明的。毕竟我面对的教育对象是聋生，聋生不比健听学生，如果他不想沟通，那就真的是风吹不入，水泼不进。健听孩子再怎么赌气，教师可以跟在他身后苦口婆心地讲道理。但是聋生不一样，他们在日常生活中有"以目代耳"的特点，当他们存心赌气，把眼睛闭上，再也不看你打的手语，你是寻不到其他任何渠道能和他们沟通的了。

几次聊天无果后，为了避免进一步激起小涛的对抗情绪，我暂时不再找他进行查问，而是改从班干部、家长，还有其寄读的家教园工作人员入手，通过这样的多方谈话了解到，造成小涛问题行为的原因是多方面的，主要表现为以下几点。

（一）自身原因

小涛的个性外向活泼，玩心比较重，非常喜欢和别人开玩笑。有些教师及同学不是很欣赏他这一点，教师会批评，同学会告状，以至于小涛觉得自己经常被误解和被针对，于是渐渐对来自外界的所有批评产生了对抗心理。你越说他不好，他越要这么干，以此来突出自己。

（二）家庭教育的影响

小涛本来是家中独生子，加上先天听障，父母对其抱有愧疚之心，又难以与他沟通交流，于是总是最大限度地迁就他、容忍他。但是半年前，父母感情生变后离婚，母亲另嫁，父亲长期在外打工，本来是家中骄子的小涛一下子无人看顾，只能跟着年迈的奶奶生活。小涛顿觉失落，学习严重退步，且养成了沉迷网络、作息混乱、在外游荡等不少坏习惯。

（三）集体生活不愉快的影响

由于小涛在班里的各项表现极差，班集体经常在评比中因为他而被扣分。班干部和执勤队的同学经常在班里批评他，家教园的教师也经常训斥他。

三、教育策略

（一）包容、接纳学生的个性，引导其个性往健康的方向发展

因为小涛喜欢模仿并夸大同学或老师的表情、行动来取乐，因此经常会招致批评。我在告诉他这样的行为不礼貌、不恰当的同时，肯定他的模仿能力与表演能力，并把他推荐给学校表演队的教师，让他参与哑剧小品的演出。

（二）降低家庭变动引发的负面影响，做好对家长的思想工作，取得他们的支持与谅解，形成家校共同教育的合力

由于生理缺陷，聋哑学生容易对外界产生焦虑不安的情绪，他们对家庭和学校更为依赖。小涛家庭的骤然生变严重影响了他对生活的安全感和归属感，让他认为自己是一个被抛弃的孩子，甚至对家人产生了怨恨情绪。为了消除对小涛的这些不良影响，我与小涛的父母多次进行当面或电话交流，最终成功说服小涛的母亲一个月至少探望小涛两次，而小涛的父亲每个周末都要给小涛留出亲子时间，或陪小涛到商场购物，或带小涛去公园散步、做运动等。

（三）集体生活归属感再塑

课余时间，我找机会与小涛聊天，在谈话中培养其辨析是非的能力（如谈不久前学校举办过的体育节，称赞为班级争得荣誉的同学，等等），让小涛协助班干部负责六一儿童节的教室布置，参与每日收作业、教室清洁检查等工作，从而培养其集体归属感。慢慢地，小涛开始自然而然地以一种积极的态度参与班级里的学习与活动。

四、转化成果

通过不到一年的教育，小涛的各方面表现有了明显好转。到了现在，小涛已经顺利升上初一，学习成绩处于中上水平，他已经真正融入班集体，在班级的表现相当活跃。这些年，小涛与父母的关系也得到了缓和，重新变得亲密。面对小涛的转变，父母、老师、同学都很高兴。

五、收获感悟

心理学家认为，"爱是教育好学生的前提"。每一名教师都应当"以生为本""师爱永恒"，尊重每一名学生。我们教育学生，首先，要与学生之间建立一座心灵相通的爱心桥梁。其次，每名学生都是活生生的有感情有思想的人，只要付出爱心，枯草也会发芽；只要一缕阳光，他们就会灿烂。

总之，心灵的花园要用情感去架设，用尊重、信任、体贴、关怀去充实，爱是一种力量，一种品质，是教育成功的秘诀，是教师必备的修养；以爱为根基的情感激励是做好教育教学的关键，为师者所求所愿当是每一朵心灵之花能在爱的阳光下悄然美好地绽放。

让特殊学生抬起头来

汕头市特殊教育学校　林悦之

一、案例背景

高小敏（化名）同学来到班上的第一天便"震惊"四座。一开始，小敏只是在自己的座位上默默地坐着，埋头玩弄自己的手指并且沉迷其中，仿佛周遭的一切都与她无关。突然间，这个女孩子像野兽般地咆哮起来，紧接着掀翻课桌，还将头狠狠地撞向墙壁。那一刻，她好像完全被愤怒吞噬了。

在接下来的半个月里，类似的突发情况频繁出现，上午、中午、下午，在操场，在教室，在功能室……小敏随时随地都可能产生不满、不安、挫折、冲动、愤怒的情绪，一发而不可收，甚至发展到歇斯底里的地步。究其原因，却只是类似被同学不小心碰了一下手肘这种鸡毛蒜皮的事儿。更糟糕的是，她还会不断地对教师和同学进行言语或动作冒犯。但"风平浪静"之后，小敏却经常把整张脸埋在双臂间，小声呜咽着，看上去既懊悔又焦虑，着实叫人心疼。

二、案例主题

苏霍姆林斯基在《给孩子的建议》中有一句名言："让所有的孩子抬起头来。"我对此深有感触，这才是教育真正的成功。本育人案例是围绕着我引导孤独症学生参加一系列个别化康复训练活动，使得该生在品德、行为、习惯等方面都朝着理想的方向发展，最后自信地融入集体生活而展开的。

三、案例描述

针对高小敏不符合所处时间、空间的社会规则，对自己和他人均造成一定负面影响的行为，身为班主任的我可真是伤透了脑筋。小敏和她的家长能提供的相关信息却十分有限：高小敏是精神类（贰级）残疾人，有癫痫病史。该生插班到我所负责的孤独症义务教育班时年满11周岁，之前却只在一所外来工子弟学校念过一年书，后被劝退。她的母亲一提到这个女儿，就唉声叹气，满面愁容，不愿多谈。

我只能依靠自己的耐心追踪、观察和分析来探索深藏在这一教育对象问题行为背后的原因，并寻求帮助她塑造正确行为习惯的有效途径。

我参加到学校专业的测评团队，立即对高小敏展开全方位的评估工作，得出的结果不容乐观。

（1）感知觉。对周围环境有一定的感知能力；偶尔能恰当地观察环境并做出回应，但与人互动时需要较多的辅助。

（2）语言理解与表达能力。经常出现重复性语言；通过引导能进行简单的交流；有时言不符实或答非所问；偶尔出现攻击性语言或肢体动作。

（3）认知能力。基本上能认识自身及周围环境物品的联系与意义。

（4）社交能力。有一定眼神交流；在辅助下能遵守一般社会规则。

（5）情绪与行为。情绪不稳定；有刻板性行为和抗拒行为等。

同时，我利用课余时间，到小敏之前就读的普通学校走访了一番。那里的老师和同学，只要是认识小敏的，基本上"谈之色变"。小敏"与众不同"的行为习惯给老师留下了非常糟糕的印象，同学们更不可能"口下留情"，直接称她为"大土豆""疯子""鸵鸟"等。

我逐渐厘清了问题的源头，实际上，小敏已经能意识到情绪的存在，但这恰恰成为她的负担。她总在拼命地隐藏与对抗着情绪，但她发现情绪不仅没有消失，反而紧紧地包围着她。最终，她无法克制住自己，一次又一次做出自伤和伤人的行为。这一切无时无刻不困扰着她，导致她在众人异样的眼光下抬不起头来。

在此基础上，我加班加点为高小敏"打造"出一套属于她的特别方案，希望可以帮助她早日养成正确的行为习惯并及时加以强化。在与小敏相处的时候，我一直选择用温暖的眼神注视着她，用沉稳的语气与她对话，用开放的态度询问她的想法，探索她的困境。

首先，我送给小敏一本"口袋书"，用简笔画绘制各种表情图案，以此来替代语言文字，让它成为小敏与他人沟通交流的工具之一。我告诉她，当她的情绪不为人所理解时，可以翻开这本小册子，或许别人就可以读懂她的心声了。不久后，我惊喜地发现，"口袋书"里的内容更加丰富了，原来是小敏自己添加的插画，看来她有了更完整表达自己想法的愿望。

于是，我决定趁热打铁，接下来所做的就是尽量帮助她卸下情绪包袱，让她的言行更容易被大家接纳。有一次，小敏气得满脸通红，眼看又要开始捶胸顿足了。这时我连忙拿出一张代表"生气"的表情图卡，一边柔声地对她说"我知道现在你很生气，老师也有像你这么生气的时候"，一边做出夸张的生气的面部表情，又示意她可以学着我一起深呼吸。在师生俩吸气吐气十几个回合后，我能感觉到小敏明显放松下来了。

多次的情绪应对训练体验后，小敏不再畏惧自己的情绪，开始允许并接纳自己所拥有的情绪。这便是善待自我情绪的第一步。而且，她逐渐意识到，当自己的身体出现情绪信号的时候，应该设法疏解一下或寻求帮助，努力暂停不当行为，不能再在惯性下继续言行。

面对小敏的点滴进步，我都第一时间给予肯定和表扬，允许她做一件她喜欢的事情，比如涂涂画画。我曾请小敏画一画可爱的自己（见图1），小敏通过图画呈现出来的是一个身材纤巧、举止优雅的姑娘，或许这正是她心目中最理想的自己吧。我所设计的训练活动的灵感来自美国行为主义心理学家斯金纳的理论——"被惩罚消除的行为是不牢固的。只要惩罚一解除，行为便会再次出现，而被强化塑造出来的行为才是持久的。"

图1　高小敏所画的《可爱的自己》

行为习惯改变后的小敏受到老师、同学们的欢迎，很快融入集体中来。渐渐地，她变得乐观自信起来。对于班级值日、学校公共区域值勤工作，只要是她力所能及的，她都会抢着去做；在学校、社区、公益团队组织的各项活动中，如"我和我的祖国"爱国主义教育实践活动（见图2）、"亚青潮起我参与"等活动中都能看到她欢快的身影。

图2　高小敏参加爱国主义教育实践活动留影

　　两年来，在我有意识的引导下，小敏情绪不稳定的状况和不当言行出现的次数相对减少了很多，她在不断成长着，她的思维和情感也变得深刻了许多。

四、案例反思

（一）接纳、尊重与关爱，为教育增添动力

　　千万不要误以为孤独症学生是智力低下、反应迟钝、情感淡漠的"外星来客"，其实他们的内心更加敏感与脆弱。一线教师与孤独症学生接触频繁，更要随时检视自己的姿势、态度和语气等，是否温暖、友善、和谐。因为当孤独症学生觉察自己被命令着、强制着、压迫着的时候，他们往往会选择反抗或逃避；反之，当孤独症学生感受到自己是被尊重着、关怀着、呵护着的时候，他们的自信心会增强，与他人的关系会缓和，会更加信任并乐于听取我们的意见与建议，出现正确行为的次数便会随之增加。

（二）选择适宜的方法，付出十足的耐心，因材施教

　　因为自身有生理缺陷，所以孤独症患者在言语沟通和情感表达等方面明显"与众不同"，在人际交往方面困难重重，有的甚至长期处于"与世隔绝"的状态。常人眼中的孤独症患者是无情的、暴躁的、狂妄的，对他们说

得最多的话就是"不要害怕！""不要难过！""不要生气！"这采用的便是《山海经》中夏鲧治水的方法——围堵。结果孤独症患者身体里过度积攒的情绪引发的不当言行也将如洪水般泛滥开来。我采取的则是和夏禹治水相同的方法——疏导。

孤独症学生的情绪需要及时被疏导。作为康复训练教师的我们不仅不能忽略、不能否认特殊学生情绪的存在，而且要引导他们妥善对待自己的情绪，合理表达自己的感受。不过，我们理解学生的情绪，并不意味着我们认同他们某些不正确的观念和行为，而是努力陪伴他们不断探索更加合适的表达方式。这样，他们便不会为过分累积的情绪所烦扰。

面对孤独症学生表现出来的逃离、违抗、攻击、自伤等行为，一般人会对他们进行质疑、批评和指责，但作为专业康复训练人员的我们要心平气和地去看待，竭尽全力地给学生制造机会，热情满满地鼓励他们勇敢地参加到学习、训练中来。

（三）力争促使每个特殊学生都能在自身的基础上有所提高、发展与成长

孤独症学生普遍心智发展水平落后于普通学生，个体差异性大，加上语言发展、刻板行为和社交障碍等，这些都导致他们身上出现的问题行为让人难以理解与接纳，也给学校的教学与管理带来巨大挑战。

我国新课改提出"一切为了每一位学生的发展，一切为了每位学生各方面的发展"的核心教育理念，这与古代著名教育家孔子提倡的"有教无类"的教育理念有异曲同工之妙，都在呼吁教育工作者注重教育公平，以学生为本，任何一个学生都不应该变成教育的"局外人"。党的十九大对发展特殊教育也做出了重大决策——"办好特殊教育"，强调"使每一个残疾孩子都能接受合适的教育"，指导我们必须根据特殊学生各自的特点，有针对性地制定教学目标，选择教学策略，设计教学方案，满足个体需要，使得每一个特殊学生在心智、语言、情感以及交际等方面都得到充分发展。

我深知对特殊学生的教育任重道远，但是我坚信，若能坚守下去，困难越多，意义越大。我愿用冰心《春水》中的诗句与诸君共勉——"浪花愈大，凝立的磐石在沉默的持守里，快乐也愈大。"